글 스튜디오 울림

학습 만화 콘텐츠를 만들어 내는 창작 집단입니다. 어린이들이 즐겁게 읽으며 감동받을 수 있는 이야기를 쓰기 위해 누구보다 열심히 고민하고 노력합니다. 현재 〈who?〉 시리즈 집필에 전념하고 있습니다.

그림 스튜디오 청비

기발한 상상력을 바탕으로 새롭고 재미있는 콘텐츠를 만들어 내는 만화 창작 집단입니다. 어린이들이 책을 읽고 큰 꿈을 품기를 바라는 마음으로 즐겁게 작업하고 있습니다. 작품으로 《성철 스님》, 《아 다르고 어 다른 우리말 101가지》, 《반기문 유엔 사무총장의 꿈과 도전》 등이 있습니다.

감수 경기초등사회과연구회
진로 탐색 감수 이랑(한국고용정보원 전임연구원)
추천 송인섭(숙명 여자 대학교 명예 교수)

 세계 인물

마거릿 미드

개정판 1쇄 인쇄 2024년 11월 15일
개정판 1쇄 발행 2025년 1월 1일

글 스튜디오 울림 **그림** 스튜디오 청비

펴낸이 김선식
펴낸곳 다산북스

부사장 김은영
어린이사업부총괄이사 이유남
책임편집 박세미 **디자인** 김은지 **책임마케터** 김희연
어린이콘텐츠사업1팀장 박정민 **어린이콘텐츠사업1팀** 김은지 박세미 강푸른
마케팅본부장 권장규 **마케팅3팀** 최민용 안호성 박상준 김희연
편집관리팀 조세현 김호주 백설희 **저작권팀** 이슬 윤제희 **제휴홍보팀** 류승은 문윤정 이예주
재무관리팀 하미선 김재경 임혜정 이슬기 김주영 오지수
인사총무팀 강미숙 이정환 김혜진 황종원
제작관리팀 이소현 김소영 김진경 최완규 이지우 박예찬
물류관리팀 김형기 김선민 주정훈 김선진 한유현 전태연 양문현 이민운

출판등록 2005년 12월 23일 제313-2005-00277호
주소 경기도 파주시 회동길 490
전화 02-704-1724 **팩스** 02-703-2219
다산어린이 카페 cafe.naver.com/dasankids **다산어린이 블로그** blog.naver.com/stdasan
종이 신승NC **인쇄** 북토리 **코팅 및 후가공** 평창피앤지 **제본** 대원바인더리

ISBN 979-11-306-5832-2 14990

품명: 도서 | **제조자명**: 다산북스
제조국명: 대한민국 | **전화번호**: 02)704-1724
주소: 경기도 파주시 회동길 490
제조년월: 판권 별도 표기 | **사용연령**: 8세 이상
※ KC마크는 이 제품이 공통안전기준에 적합하였음을 의미합니다.

마거릿 미드
Margaret Mead

자신만의 멘토를 만날 수 있는
who? 시리즈

다산어린이의 〈who?〉 시리즈는 어린이들은 물론 어른들에게도 재미와 감동을 주는 교양 만화입니다. 〈who?〉 시리즈는 전 세계 인류에 영향력을 끼친 인물들로 구성되었으며 인물들의 삶과 사상을 객관적으로 전해 줍니다.

이처럼 다양한 나라와 분야에서 활약한 위인들의 이야기를 통해 과학, 예술, 정치, 사상에 관한 정보는 물론이고, 나라별 문화와 역사까지 배우게 될 것입니다. 〈who?〉 시리즈의 가장 큰 장점은 위인들이 그들의 삶에서 겪은 기쁨과 슬픔, 좌절과 시련, 감동을 어린이들이 함께 느낄 수 있다는 것입니다. 어린이들은 이 책을 읽으면서 폭넓은 감수성을 함양하게 됩니다.

〈who?〉 시리즈의 어린이 독자들이 책 속의 위인들을 통해 자신만의 멘토를 만나 미래의 세계적인 리더로 성장하기를 진심으로 응원합니다.

존 덩컨 미국 UCLA 동아시아학부 교수

존 덩컨(John B. Duncan) 교수는 한국학 분야의 세계적인 석학으로 미국 UCLA 한국학 연구소 소장 및 동 대학의 동아시아학부 교수를 겸직하고 있습니다. 하버드 대학교 교환 교수와 고려 대학교 해외 교육 프로그램 연구센터장을 역임했으며, 주요 저서로는 《조선 왕조의 기원》, 《조선 왕조의 시민 행정의 제도적 기초》 등이 있습니다.

세상을 더 나은 곳으로 만든
사람들의 이야기

어린이들은 자라면서 수많은 궁금증을 가지게 됩니다. 그중에서도 "저 사람은 누굴까?"라는 질문은 종종 아이들의 머릿속을 온통 지배해 버리기도 합니다. 다산어린이에서 출간된 〈who?〉 시리즈는 그런 궁금증을 해결해 주기 위해 지구촌 다양한 분야의 리더들을 소개하고 있습니다.

〈who?〉 시리즈에 등장하는 인물들은 인종과 성별을 넘어 세상을 더 나은 곳으로 만든 사람들입니다. 어린이들은 이 책에서 디지털 아이콘으로 불리는 스티브 잡스는 물론 니콜라 테슬라와 같은 천재 발명가를 만날 수 있습니다.

책 속 주인공들의 어린 시절 이야기를 통해 기쁨과 슬픔, 도전과 성취감을 함께 맛보고, 그들과 함께 성장하면서 스스로 창조적이고 인류에 도움이 되는 사람이 되겠다는 포부와 자신감을 갖게 될 것입니다.

〈who?〉 시리즈 속에서 다채롭고 생동감 넘치는 위인들의 이야기를 만나 보세요.

에드워드 슐츠 하와이 주립 대학교 언어학부 교수

에드워드 슐츠(Edward J. Shultz) 하와이 주립 대학교 언어학부 교수는 동 대학의 한국학센터 한국학 편집장을 역임한 세계적인 석학입니다. 평화봉사단 활동의 하나로 한국에서 영어 교사로 근무한 경험이 있으며, 현재 한국과 미국, 일본을 오가며 활발한 활동을 펼치고 있습니다. 저서로는 《중세 한국의 학자와 군사령관》, 《김부식과 삼국사기》 등이 있고, 한국 중세사와 정치에 대한 다수의 기고문을 출간했습니다.

미래 설계의 힘을 얻는 길이
여기에 있습니다

어린이가 성장하는 시기에는 스스로 미래를 설계하며 다양한 책을
접하는 경험이 필요합니다.

어린 시절 만난 한 권의 책이 인생에 미치는 영향이 얼마나 큰지는
꿈을 이룬 사람들의 말을 통해서 알 수 있습니다. 빌 게이츠는 오늘날
자신을 만든 것은 동네의 작은 도서관이었다고 말하고, 오프라 윈프리는
어린 시절 유일한 친구는 책이었음을 고백하며 독서의 중요성에 대해
이야기합니다.

꿈을 이룬 사람들의 공통점은 또 있습니다. 그들에게는 어린 시절,
마음속에 품은 롤 모델이 있었습니다. 여러분의 롤 모델은 누구인가요?
〈who?〉 시리즈에서는 현재 우리 어린이들이 가장 닮고 싶어하는 롤
모델을 만날 수 있습니다. 버락 오바마, 빌 게이츠, 조앤 롤링, 스티브
잡스 등 세상을 바꾼 사람들의 감동적인 이야기를 담은 〈who?〉 시리즈는
어린이들이 구체적인 목표를 설정하고 희망찬 비전을 세울 수 있도록
도와줄 친구이면서 안내자입니다. 〈who?〉 시리즈를 통하여 자신의 인생
모델을 찾고 미래 설계의 힘을 얻을 수 있습니다.

송인섭 숙명 여자 대학교 명예 교수

숙명 여자 대학교 명예 교수이자 한국영재교육학회 회장으로
자기주도학습 분야의 최고 권위자입니다. 한국교육심리연구회
회장, 한국교육평가학회장, 한국영재연구원 원장을 역임했습니다.
자기주도학습과 영재 교육의 이론을 실제 교육 현장에 적용하기 위해
노력하고 있습니다.

평생을 이끌어 줄
최고의 멘토를 만날 수 있는 책

10대에 가장 중요한 것은 무엇일까요? 학과 공부와 입시일까요? 우리나라 최초의 국제회의 통역사로 30년 동안 활동하면서 글로벌 리더들을 만날 기회가 수없이 많았던 저는 대한민국의 초등학생들에게 특별한 조언을 해 주고 싶습니다. 그것은 큰 꿈을 가지는 것이 무엇보다 중요하다는 것입니다.

꿈은 힘들고 지칠 때 나를 이끌어 주는 힘이고 내 인생의 주인이 되어 일어설 수 있게 하는 원동력이 되어 줍니다. 꿈이 있는 아이가 공부도 잘하고 결국 그 꿈을 실현할 수 있게 되는 것입니다. 저 역시 어린 시절 품었던 꿈이 지금의 자리에 있게 한 원동력이었습니다. 남들이 모르는 큰 꿈을 마음속에 간직하고 있었기에 괴롭고 힘들어도 포기하지 않고 다시 일어설 수 있었습니다.

어린 시절 저에게도 힘들고 지칠 때마다 용기를 불어넣어 주고 힘이 되어 주었던 분들이 있었습니다. 지금의 자리로 저를 이끌어 준 멘토들처럼 〈who?〉 시리즈에서 여러분의 친구이자 형제, 선생이 되어 줄 멘토를 만날 수 있기를 바랍니다.

최정화 한국 외국어 대학교 교수

우리나라 최초의 국제회의 통역사로 현재 한국 외국어 대학교 통번역대학원 교수로 재직 중입니다. 세계 무대에서 자신의 꿈을 이룬 여성 신화의 주인공으로, 역시 세계에서 꿈을 펼치려고 하는 청소년들에게 멘토로서의 역할을 충실히 하고 있습니다. 저서로는 《외국어 내 아이도 잘할 수 있다》, 《외국어를 알면 세계가 좁다》, 《국제회의 통역사 되는 길》 등이 있습니다.

Margaret
Mead

마거릿 미드

'문화 인류학의 어머니'라 불리는 마거릿 미드. 여성에 대한 차별이
심했던 시절, 편견을 딛고 남태평양에 사는 원주민 부족의 삶을
연구하기 위해 떠났어요. 그리고 청소년과 성에 대한 분석을
통해 현대 사회에도 영향을 미쳤지요. 과연 마거릿 미드는 어떻게
자신의 꿈을 찾고, 훌륭한 문화 인류학자가 될 수 있었을까요?

- 이름: 마거릿 미드
- 생몰년: 1901~1978년
- 국적: 미국
- 직업·활동 분야: 문화 인류학
- 대표작: 《사모아의 청소년》,
  《세 부족 사회에서의 성과
  기질》

루스 베네딕트

컬럼비아 대학에서 인류학을 공부하며 조교로 일하던 중, 마거릿 미드를 만나게 됐어요. 이후 마거릿과 서로의 연구를 지켜보고 도우며 소중한 우정을 나눕니다. 일본의 독특한 문화에 대한 연구 결과를 담은 저서 《국화와 칼》로도 유명해요.

프란츠 보애스

'현대 인류학의 아버지'라 불릴 정도로 문화 인류학에 많은 영향을 미친 학자로, 컬럼비아 대학에서 인류학을 가르쳤습니다. 마거릿 미드와 루스 베네딕트의 스승이기도 하지요. 마거릿이 자신의 진로를 정하고 연구를 시작하는 데 많은 영향을 주었어요.

들어가는 말

- '문화 인류학의 어머니'라 불리는 마거릿 미드의 삶과, 그녀의 생각이 사회에 어떤 영향을 미쳤는지 살펴봅시다.
- 세계 곳곳에서 자신만의 전통과 문화를 지키며 살아가는 사람들에 대해 알아봐요.
- 문화 인류학자는 어떤 일을 하고, 어떤 능력을 갖춰야 하는지 알아볼까요?

1 학문을 사랑하는 가정

미국 펜실베이니아주 필라델피아.

아이, 귀여워라.

미드 교수, 축하합니다.

*윌슨 총장님도 오셨군요, 감사합니다.

마거릿 미드는 1901년 12월 16일, 아버지 에드워드 셔우드 미드와 어머니 에밀리 포그 미드의 첫째 딸로 태어났습니다.

마거릿의 아버지는 펜실베이니아 대학 경제학과 교수였습니다.

또한 마거릿의 어머니는 대학원에서 사회학을 연구했습니다.

미국 여성들은 과연 헌법상의 지위를 누리고 있는 걸까요? 오늘 이 문제에 대해서 같이 논의해 보죠.

*우드로 윌슨(1856~1924년): 미국의 28대 대통령. 프린스턴 대학 총장을 역임하고 노벨 평화상을 수상하였다.

학계에 몸담은 부모님 때문에 마거릿의 집에는 늘 많은 학자들이 찾아왔습니다.

미드 교수님은 미국 정부의 대외 정책을 어떻게 평가하십니까?

글쎄요. 전 미국이 더욱 발전하기 위해서는 해외 식민지를 확장해야 한다고 봅니다.

무슨 말씀을 하시는 거예요! 그건 약한 국가를 힘으로 굴복시키자는 뜻이잖아요?

마거릿의 부모님은 항상 바쁘셨기 때문에
할머니가 마거릿과 동생 리처드를 손수 돌보며
공부를 가르치셨습니다.

이건 '애플'이라고 읽는단다.
자, 따라 해 보렴.

애플!

우아, 맛있겠다.
빨리 주세요!

살아 있는 닭 모습과 왜 이렇게
다르게 생겼지?

어린 마거릿은 호기심이 많은 아이였습니다.
다른 사람은 생각지도 못한 것을 궁금해해서
어른들을 당황시켰습니다.

닭은 어떻게 잡을까? 다음번엔 닭 잡는 모습을 꼭 지켜봐야지.

며칠 뒤.

혹시 앞뜰에서 놀고 있던 닭 아니에요?

그렇단다.

울지 마라, 마거릿. 닭이 불쌍해서 그러는구나.

닭을 잡으면 어떡해요!

으앙

그게 아니에요. 닭 잡을 때 왜 저를 부르시지 않은 거예요? 어떻게 닭을 잡는지 보고 싶었단 말이에요!

뭐, 뭐라고?

마거릿은 참 호기심이 많은 것 같아. 마거릿에게 도움이 될 만한 게 없을까?

맞아! 이렇게 하면 되겠구나!

마거릿, 네가 엘리자베스와 프리실라의 육아 일기를 써 보지 않겠니?

네? 육아 일기가 뭐예요?

아기들이 커 가는 과정을 열심히 관찰해서 기록으로 남기는 거야. 엄마는 네가 자라는 동안 열세 권의 일기를 썼단다.

자, 여기를 한번 볼까? 네가 처음 걸음마를 떼던 날의 이야기야.

어머니, 이제 마거릿을 학교에 보내야 하지 않을까요?

글쎄다. 난 마거릿이 조금 더 큰 뒤에 학교에 보냈으면 한다.

당시 여자로서는 흔하지 않게 결혼한 뒤에도 대학을 다녔으며, 교사를 거쳐 교장까지 지낼 만큼 뛰어난 교육자였던 할머니는 손주들의 교육에 관심이 많았습니다.

마거릿은 워낙 호기심이 많은 아이니 집에서 자유롭게 지내며 스스로 공부하는 것도 좋을 것 같구나.

좋아요. 아이들이 좀 더 자랄 때까지 기다려 보죠.

마거릿은 비록 다른 아이들처럼 오랜 기간
학교에 다니지는 않았지만 할머니의 지도로
다양한 책을 읽으며 스스로 지식을 쌓았습니다.

아프리카
원주민?

원시 시대처럼
지금도 동물을
사냥하며 살고 있다니
정말 신기하네.

아프리카에 가면
재미있는 것들을
많이 볼 수 있겠어.

언젠가 나도
세계 여행을 하며
세상의 이곳저곳을
탐험할 수 있겠지?

아프리카나 태평양의 섬에는 지금도 이런 도구를 사용하는 부족이 있단다.

우아!

정말이요?

할머니, 저는 커서 그 섬에 꼭 가 볼 거예요! 그래서 그곳 원주민도 직접 만날 거예요.

마거릿은 자신의 마음을 헤아려 주는 할머니를 무척 따랐습니다. 그래서 할머니가 가르쳐 주는 것은 뭐든지 열심히 배우려고 했습니다.

나눗셈은 이렇게 하는 거란다.

할머니가 가르쳐 주시면 금방 이해가 돼요.

난 아직 모르겠는데…….

단순히 사실을 암기하는 것은 어리석은 일이란다. 무엇보다 원리를 이해하는 것이 중요하지. 다들 알겠니?

네, 할머니.

어디 보자. 다행히 큰 상처는 아니구나. 앞으로는 조심하렴.

할머니, 이 부분이 잘 안 돼요.

이런 곳을 꿰맬 때는 이렇게 하면 된단다.

네, 다시 해 볼게요.

너희 둘 다 솜씨가 많이 늘었는걸.

마거릿과 형제들은 음악과 미술, 목공 등 다양한 것을 배우기 시작했습니다.

반음을 내리려면 이렇게 하면 되지.

마거릿 미드의 성공 열쇠

끝없는 호기심과 세심한 관찰력

마거릿 미드는 자신의 인류학 지식을 이용해서 현대 사회를 더 나은 방향으로 나아가게끔 한 학자입니다.

마거릿은 어려서부터 무한한 호기심을 가지고 주변 사물을 관찰하는 것을 즐겼습니다. 숲에서 꽃과 같은 식물을 가져와 그것을 관찰하곤 했지요. 또, 부모님의 일로 마거릿의 가족은 여러 번 이사를 다녀야 했는데, 그때마다 새로운 집 주변의 환경을 탐색하기도 했습니다. 이런 마거릿의 특성을 훌륭하게 발전시켜 준 것은 다름 아닌 어머니였습니다. 어머니는 마거릿의 호기심과 관찰력을 눈여겨보았고, 마거릿에게 어린 동생들의 육아 일기를 써 볼 것을 권했어요. 동생들이 성장하는 모습을 관찰한 뒤 꼼꼼하게 육아 일기를 적으면서, 마거릿은 중요한 내용을 메모하는 습관도 자연스럽게 지니게 됐습니다. 한편으로는 나이가 비슷하지만 성격이 다른 두 동생을 관찰하며 사람의 본질적인 성격에 대해 생각해볼 수 있었어요. 이렇게 다듬어진 관찰력은 마거릿이 상황에 따른 사람의 다양한 감정을 이해할 수 있도록 했지요. 마거릿은 청소년 시절 주일 학교 선생님으로 활동하며 아이들을 가르치게 됩니다. 그리고 학생들을 관찰하며 아이들이 사춘기를 겪으면서 부모님께 반항하거나 방황하는 일이 많다는 사실을 깨닫게 되었어요. 이때의 경험을 바탕으로 뒷날 마거릿은 미국의 청소년과 사모아 지역 청소년들의 사춘기 특징 및 차이점에 관해 연구합니다. 이렇듯 마거릿의 독특한 호기심과 관찰력은 그녀가 훌륭한 인류학자로 성장하는 데 커다란 도움이 되었습니다.

마거릿 미드의 어린 시절 모습

훌륭한 교육 환경

마거릿 미드의 아버지는 펜실베이니아 대학 경제학과
교수였으며, 어머니는 대학원에서 사회학을 연구하는
학자였습니다. 학문에 조예가 깊은 부모님 덕분에
마거릿의 집에는 정치인이나 경제학자 등 다양한
분야의 인사들이 드나들었습니다. 마거릿은 이런
손님들과 토론을 즐기는 부모님의 모습을 어려서부터
지켜보며 자랐습니다.

부모님은 마거릿이 여자라고 다른 사람들이 생각하는
것처럼 남자의 지배 아래 살길 바라지 않았어요.
그래서 마거릿이 어린 시절부터 나무에 오를 수
있도록 바지를 입히거나, 많은 사람들 앞에서도
당당하게 이야기하는 법 등을 알려주었습니다.
마거릿은 이를 통해 여성도 출중한 능력을 가질 수
있다는 것을 자연스럽게 깨닫게 되었습니다.

마거릿 미드가 어린 시절을 보낸 집 ⓒ otfrom

또, 바쁜 부모님을 대신해서 할머니가 마거릿과 동생의
교육을 담당했는데, 할머니 역시 당시 여성으로서는 드물게
대학을 나와 학교 교장 선생님까지 지낸 지식인이었습니다.
할머니는 교육에 관심이 아주 많았고, 교육에
대한 자신의 신념도 강했어요. 그녀는 손주들이
다른 아이들처럼 많은 시간을 학교에서
보내기보다는 실용적인 기술도 익히는 편이 좋다고
생각했습니다. 그래서 마거릿은 남동생인 리처드와
함께 바느질과 목공 일도 배웠고, 음악과 미술 등
다양한 분야를 두루 접하며 성장할 수 있었습니다.
교육에 대한 할머니의 관심은 마거릿이 훗날 첫
책으로 사춘기 청소년에 대한 글을 쓰는 데에도
영향을 미쳤답니다.

마거릿 미드가 태어난 필라델피아 전경 ⓒ Rhys A.

셋 ◁ 뜨거운 학구열

마거릿 미드가 살던 시대는 여성들이 공부하는 것을 탐탁지
않게 여기던 때였습니다. 세계적으로 경제 대공황이
몰아닥치며 기업들이 줄줄이 파산했고 일자리가
턱없이 줄어들자 우선적으로 여성부터 해고하는
일이 잦았어요. 이처럼 여성들이 차별 받는 분위기
속에서도 마거릿은 다행히도 개방적인 사고를
지닌 할머니와 부모님의 영향으로 교육을 받을 수
있었습니다.
마거릿은 여러 명의 동생을 돌보아야 하는
바쁜 상황에서도 대학에 가기 위해 열심히
공부했어요. 그러나 이런 마거릿에게도 어려움은
있었습니다. 집안의 경제 사정이 나빠지자,
아버지는 마거릿이 대학 진학을 포기하고
일을 하길 원했습니다. 갑작스러운 아버지의
반대에 마거릿은 크게 반발했습니다. 이때 어머니가 마거릿의
손을 잡아주었어요. 어머니는 아버지를 설득하는 한편,
마거릿에게도 아버지의 모교인 남녀 공학에 진학할 것을
권유했습니다. 어머니는 남녀 공학에 진학하면 좋은 남편감을
만날 수 있을 거라며 아버지를 안심시켰지요. 아버지를 잘
설득하고 중재한 어머니의 현명함 덕분에 마거릿은 무사히
대학에 진학했습니다.
하지만 대학에 진학한 마거릿은 만족할 수 없었습니다.
공부보다는 다른 것에 더 신경 쓰는 대학 분위기에 좀처럼
적응하기 힘들었기 때문입니다. 여학생들은 외모를 아름답게
꾸며서 좋은 남편감을 골라 시집을 잘 가는 것에만 관심을
뒀고, 남학생들은 나중에 사회생활을 할 때 도움을 받기 위해
인맥을 쌓으려고 각종 모임 활동에 집중하고 있었습니다.
대학에 가서 깊이 있게 공부하며 진지하게 학문에 대해

연구 중인 마거릿 미드

20세기 초, 어느 미국 대학의 여학생 클럽.
마거릿 미드는 여학생 클럽에 들지 못해
대학 생활에 적응하지 못했습니다.

토론하고 싶었던 마거릿은 크게 실망하고, 자신의
학구열을 마음껏 펼칠 수 있는 학교로 옮기기로
결심합니다.

마거릿은 뉴욕의 명문 버나드 대학으로 자리를
옮겼고, 누구보다 성실하게 생활했습니다. 영문학을
좋아하는 친구들과 모임을 만들어서 같이 공부했고,
대학 신문의 편집장을 맡아 활동하며 바쁘게
지냈어요. 눈코 뜰 새 없이 바쁜 시간이었지만 자신이
좋아하는 공부를 마음껏 할 수 있어 마거릿은 그
어느 때보다 행복한 시간을 보냈습니다.

마거릿 미드가 자리를 옮긴 버나드 대학은 미국 명문인
컬럼비아 대학의 한 학부입니다. ⓒ BrillLyle

넷   **미지의 세계에 대한 모험심**

대학 졸업반이 된 마거릿은 의무적으로 들어야
하는 수업 중에서 인류학 강의를 듣기로 합니다. 이 수업에서
마거릿은 보애스 교수에게 인류학을 배웠고, 점차 인류학의
매력에 빠지게 됩니다.

마거릿은 단순히 현지 조사를 하는 것에
만족하지 않았고, 누구도 연구하지 않은
새로운 곳에서 자신만의 독특한 연구 주제를
탐구하고자 했습니다. 마거릿은 무더운
기후와 척박한 환경 때문에 많은 사람이
꺼리는 지역인 폴리네시아에 가겠다고
선언했지요. 이는 인류학에 대한 열정이
있었기에 가능한 일이었습니다. 마거릿은

컬럼비아 대학교 ⓒ InSapphoWeTrust

특유의 모험심을 바탕으로 사모아에서의
현지 연구를 시작했으며 이후에도 뉴기니섬의
아라페시족, 문두구머족, 챔블리족 등의 원시 부족과 직접
생활하며 관찰한 결과를 바탕으로 다양한 책을 쓰는 등 인류학
발전에 공헌했습니다.

2 외로웠던 청소년기

마거릿의 가족은 부모님의 대학 강의와 연구 때문에 자주 이사를 해야 했습니다. 어떤 때는 일 년에 네 번이나 옮겨 다닐 정도였습니다.

휴, 이사하는 건 정말 귀찮아. 근데 마거릿 언니는 어디 간 거지?

글쎄, 아까 짐 정리를 마치고 혼자 밖에 나가는 것 같던데.

마거릿은 새로운 동네에 이사할 때마다 근처를 돌아보며 새로운 이웃과 주변 지형을 익히곤 했습니다.

이번에 이사한 동네는 구경할 곳이 많네.

이야~, 블루베리다!

블루베리를 따다 주면 동생들이 좋아하겠지?

예전 동네에서는 친구들과 같이 블루베리를 따러 다녔었는데…….

아빠는 책에 파묻혀 사시니 방해될까 봐 말도 못 걸겠어…….

왜 우리 엄마 아빠는 항상 바쁘신 걸까? 나와 대화할 시간도 없잖아.

그래! 나에겐 할머니가 계시지? 박물관에 데려다 달라고 부탁해야겠다.

하지만 할머니마저 어린 동생들을 돌보시느라 예전처럼 마거릿에게 신경을 쓸 수 없었습니다.

이젠 할머니까지……. 다들 나한테 관심이나 있는걸까?

또한 마거릿은 책을 읽으면서 위안을 얻기도 했습니다. 새로운 세상과 사람들에 관한 이야기를 읽을 때만큼은 전혀 외롭지 않았던 것입니다.

마거릿, 또 이러고 있었구나. 할머니 말 자꾸 안 들을 거니?

하, 할머니. 죄송해요.

너무 지나치게 책만 읽으면 건강에 좋지 않다고 했잖니. 이제 책은 그만 읽고 바람 좀 쐬고 오너라.

할머니의 걱정 어린 잔소리에도 마거릿은 자신만의 비밀 장소에 처박혀서 하루 종일 책을 읽기 일쑤였고, 다양한 책을 접하면서 자연스럽게 영문학에 관심을 가지게 됐습니다.

안녕하세요?
마거릿 미드입니다.
만나서 반가워요.

형에게 마거릿 얘기를
자주 들었어요. 특히 문학에
관심이 많다면서요?

마거릿보다 네 살 위인 루서는 대학에서
라틴어와 그리스어를 공부하고 있었습니다.

고등학교를 졸업하면
대학에 진학할 생각이에요.
아직 배우고 싶은 게
너무 많아서요.

마거릿은
어느 대학에 갈
생각이죠?

어머니의 모교인
웰즐리 대학에 갈 생각이에요.
입학시험이 까다롭긴 하지만
학문을 연구하기에
좋은 환경이라고 들었어요.

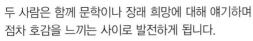
두 사람은 함께 문학이나 장래 희망에 대해 얘기하며 점차 호감을 느끼는 사이로 발전하게 됩니다.

마거릿은 분명 잘 해낼 거예요. 내가 곁에서 응원할게요.

고마워요, 루서.

마거릿, 매일 늦게까지 공부하느라 많이 힘들지?

괜찮아요. 시험이 얼마 안 남았으니 더 열심히 해야죠.

기특한 우리 딸. 힘들다는 불평 한마디 할 법도 한데, 정말 대견하구나.

그런데 아버지께서 너를 부르시는구나. 하실 말씀이 있으신 모양이야.

마거릿, 웰즐리 대학에 가겠다고 했다면서?

여자가 대학에 가는 건 쓸데없는 짓이야. 공부는 그만하면 충분하니 시집갈 궁리나 해라!

하지만 아버지께서는 여자도 공부를 열심히 해야 한다고 늘 말씀하셨잖아요. 갑자기 왜 이러시는 거예요?

그, 그건…….

정말 너무하세요! 전 공부를 더 하고 싶단 말이에요!

마, 마거릿…….

저 녀석이 버르장머리 없이!

대체 왜 그러셨어요?

웰즐리는 여자 대학이잖소. 거기서 공부만 하다가 결혼 시기를 놓치면 큰일이오. 우리 맏딸을 그렇게 둘 수는 없지 않소.

정말 그래서 반대하는 거예요? 그럼 당신의 모교에 보내는 건 어때요? 남녀 공학이니 좋은 신랑감을 찾을 수도 있고요.

시, 실은…… 내가 투자했던 일이 잘못되어 전처럼 여유가 없잖소. 굳이 여자가 대학에 갈 필요는 없으니……

이 핑계 저 핑계 대더니 결국은 돈이 문제였군요? 흥, 걱정 말아요. 어떻게든 돈을 구해서 마거릿을 반드시 대학에 보낼 테니까.

흑흑

날이 좀
쌀쌀하지?

엄마,
나오셨네요.

마거릿, 네가 정 대학에
가고 싶다면 아버지의
모교로 가는 건 어떠니?
그럼 아버지도 더는
말리지 못하실 거야.

하지만, 전 지난 1년간
웰즐리 대학만을 목표로
공부한 걸요. 아버지는
너무 보수적이세요.

네 마음 안다, 마거릿.
하지만 공부는 어디에서든 할 수
있잖니? 아버지는 엄마가 설득할 테니
너도 조금만 양보하렴.
지금은 대학에 가는 게
중요하니까 말이야.

엄마…….
고마워요.

마거릿은 결국 아버지의 모교인 남녀 공학에
진학하기로 마음먹었습니다.

필라델피아의 모든 것

하나 **필라델피아의 역사와 문화**

필라델피아는 미국 펜실베이니아주 남동쪽에 있는
도시로, 마거릿 미드가 태어난 곳이기도 합니다.
마거릿의 가족은 계절이 바뀌면 여러 번 집을 옮겨
다녔는데, 펜실베이니아 대학에서 오랫동안 교수로
있던 아버지 때문에 이 근처로 곧잘 돌아가곤 했어요.
필라델피아는 미국 역사에서도 중요한 곳입니다. 한때
미국에서 가장 큰 도시였고, 미국 독립 운동에서 큰
역할을 했습니다. 17세기에 영국 퀘이커 교도들이
이곳에 자리 잡아 영국의 식민지가 되었으며, 1776년
7월 4일 영국으로부터 독립하면서 비로소 미국의
영토가 되었습니다. 필라델피아는 미국의 헌법이 처음
발표된 곳이자, 최초의 수도이기도 했던 도시로 미국인에게는
여러모로 의미가 깊은 곳입니다.

필라델피아에 있는 독립 기념관 ⓒ Rdsmith4

오늘날 필라델피아는 '형제애의 도시'라는
별명을 가지고 있어요. 이는 '필라델피아'라는
도시의 이름과 관련이 있습니다. 고대
그리스어의 '사랑'을 뜻하는 'philos', '형제'를
의미하는 'adelphos'가 합쳐져 '필라델피아'라는
이름이 만들어진 것입니다. 필라델피아
시내에는 식민지 시절의 영향으로 영국식으로
지은 건물이 많이 있으며, 각종 미술관과 박물관
등 관광 명소도 많습니다. 매년 봄마다 개최되는
필라델피아 플라워 쇼 역시 세계 최대 규모의
실내 꽃 박람회입니다.

오늘날 필라델피아의 모습. 마거릿 미드는 필라델피아에서
태어났습니다.

둘   필라델피아 관현악단

뉴욕 필하모닉, 보스턴 교향악단과 더불어 미국 3대 교향악단 중 하나인 필라델피아 관현악단은 100여 명이 넘는 단원이 시즌마다 150회가량의 공연을 선보이고 있습니다.
1900년, 에스파냐와의 전쟁으로 수많은 아이들이 고아가 되고 여인들은 남편을 잃었습니다. 이들을 돕기 위해 필라델피아에서 자선 음악회가 열렸는데, 이를 계기로 당시 사회 지도층이 힘을 합쳐 오케스트라를 만들었습니다. 그리고 그것이 필라델피아 관현악단의 시초가 되었습니다. 자선 음악회에서 지휘했던 프리츠 셸이 최초의 상임 지휘자를 맡아 1900년 11월 16일 처음으로 공연하였습니다. 이후 미국뿐 아니라 유럽, 아시아, 라틴 아메리카, 러시아 등 세계 곳곳의 음악 팬들을 위한 순회공연을 지속적으로 열고 있으며, 현악기의 화려한 음색을 자랑하는 특유의 '필라델피아 사운드'를 창조하여 명성을 쌓고 있습니다.

필라델피아 관현악단

필라델피아 관현악단의 공연장인 킴멜 센터
ⓒ JasonParis

셋   필라델피아 미술관

1875년 설립된 필라델피아 미술관의 초창기 이름은 펜실베이니아 미술관이었으나 1938년부터 필라델피아 미술관으로 변경됐습니다. 이곳은 오랜 역사를 지니고 있을 뿐만 아니라 세계 최대 규모인 뉴욕 메트로폴리탄 미술관과 거의 비슷한 크기입니다.
필라델피아 미술관은 그리스의 파르테논 신전을 본뜬 대리석 건물로, 미국은 물론 한국, 중국, 일본, 터키 등 동아시아와 중동, 유럽 등 세계 각국의 다양한 예술 작품이 전시되어 있습니다. 미술품을 각 시대의 흐름에 맞춰 특색 있게 전시하는 것으로 유명하며 로댕 미술관이 별도로 자리 잡고 있습니다.

필라델피아 미술관

넷 · 필라델피아 동물원

필라델피아 동물원은 미국 최초의 동물원으로 1859년 설립이
승인됐지만 미국 남북 전쟁으로 개관이 늦춰져 15년 뒤인
1974년에야 비로소 문을 열었습니다. 동물원에는 어린이들을
위한 각종 놀이 기구와 교육용 전시실도 갖추어져 있으며,
삼림욕장과 각종 동물 조각이 있습니다. 초창기에 800여
마리의 동물을 보기 위해 22만 8천여 명의 관람객이
방문했던 이 동물원에는 현재 1,300여 마리의 동물이 살고
있으며, 한 해에만 110만 명이 넘는 사람들이 찾는 관광
명소로 발돋움했습니다. 특히 희귀종이나 멸종 위기에 처한
동물도 많이 있어 관람객에게 인기가 높습니다.

필라델피아 동물원 © Jim, the Photographer

다섯 · 필라델피아의 모범 시민, 벤저민 프랭클린

필라델피아에서 인쇄업으로 크게 성공한 벤저민
프랭클린은 종종 독서 모임에서 책을 읽고 다른 사람들과
의견을 나누었습니다. 그러던 어느 날, 그는 독서 클럽의
회원들이 가진 책을 모아 공공 도서관을 만들면 많은
사람들이 책을 읽을 수 있겠다는 생각을 합니다. 회원들
역시 그의 생각에 적극적으로 호응하면서 '필라델피아 도서관
조합'이 생겨납니다. 시간이 지날수록 도서관을 이용하는
시민들이 늘어났습니다. 스스로 자신의 책을 가져오거나 새
책을 기증하는 이들도 생겨났지요. 도서관은 점점 규모가
커졌고, 여기에 영감을 얻은 다른 도시에서도 필라델피아
도서관을 본떠 공공 도서관을 세우는 일이 많아졌습니다.
한편, 프랭클린은 필라델피아 시민을 위한 또 다른
공익사업에도 관심을 가졌는데, 그것은 소방대를 만드는
일이었습니다. 당시 건물들은 대부분 목조 건물이었기
때문에 불이 나면 큰 피해로 이어지기 십상이었습니다.

벤저민 프랭클린의 초상화

벤저민 프랭클린의 이름을 딴 다리
© jasonmurphyphotography

프랭클린은 소방대가 있다면 피해를 줄일 수 있겠다고 생각해
자비를 들여서 소방 기구를 갖추고 소방대원을 모집했습니다.
이렇게 만들어진 '유니언 소방대'는 시민의 목숨과 재산을
지키는 데 큰 역할을 했습니다.
이 밖에도 벤저민 프랭클린은 펜실베이니아 대학교 설립에
자신의 재산을 보태고 모금 운동을 활발히 펼쳤습니다. 또한
도시와 시민을 지키는 민병대(민간인들이 스스로 조직한
군대)를 만들어 전쟁 속에서도 필라델피아를 안전하게 지키는
데 기여했으며, 미국 최초의 종합 병원인 펜실베이니아
병원을 여는 데에도 도움을 줬습니다.
이처럼 사람들의 삶에 실질적으로 도움이 되고자 헌신했던
벤저민 프랭클린은 진정한 공익 활동가였습니다.

영화 〈록키〉의 한 장면을 재현한 동상

여섯   영화 〈록키〉의 배경이 된 필라델피아

미국인들의 꿈과 개척 정신을 가장 잘 표현하고 있다는 평가를
받는 영화 〈록키〉는 필라델피아를 배경으로 하고 있습니다.
영화의 주인공 록키는 필라델피아에서 근근이 살아가는
가난한 젊은이입니다. 그는 권투 대회에서 세계 챔피언을
만나 마치 샌드백이 된 것처럼 흠씬 두들겨 맞지만, 끝까지
포기하지 않고 끈질기게 버팁니다. 비록 경기는 록키의
패배로 끝났지만 진정한 승리자는 록키나 다름없었습니다.
록키가 필라델피아 미술관 앞에 있는 긴 계단을 올라
마침내 정상에 서서 두 팔을 번쩍 들어 올리는 장면은 많은
이들에게 깊은 인상을 남겼습니다. 실제로 필라델피아
미술관에는 영화 속 록키의 모습을 그대로 재현한 동상이
세워져 있습니다. 이 동상은 원래 록키 3편에서 쓰인
영화 소품으로, 영화 촬영이 끝난 뒤에 기증된 것입니다.
영화에서 록키가 오르내리며 훈련하던 긴 계단은 록키
스텝스(Rocky Steps), 즉 '록키 계단'이라고 불립니다.

영화 〈록키〉의 주인공 실베스터 스텔론(왼쪽)

미래를 꿈꾸는 당찬 여학생

대학 생활은 마거릿의 기대와 많이 달랐습니다. 공부에 집중하기보다는 결혼할 상대를 찾거나 인맥을 쌓는 데에만 신경 쓰는 분위기였던 것입니다.

흥! 잘난 척하기는! 자기가 뭐라도 되는 줄 아나?

그러게 말이야. 쟤는 우리 여학생 클럽에 가입시키지 말아야겠어.

어휴, 귀찮아. 저 교수님은 과제를 너무 자주 내 준다니까?

걱정할 거 없어. 공부 잘하는 남자애들이 우리랑 같은 조가 되고 싶어 안달이잖니.

자, 다음 시간에는 과제를 발표해야 하니 조를 짜서 다 같이 준비해 오도록 해요.

마거릿은 스무 살이 되던 해, 뉴욕의 명문인
버나드 여자 대학으로 옮기게 됩니다.
그리고 그곳에서 영문학을 전공하며 새로운
생활을 시작합니다.

시에는 보통 시인의 경험이
반영되는 경우가 많습니다.
이 시도 마찬가지죠.

교수님! 저는 방금 설명하신
것과 다르게 생각하는데요.
말씀드려도 될까요?

오, 레오니 양. 괜찮으니 어서
자네 의견을 말해 보게나.

보통 시인들의 삶이 시에 드러나기는 하지만 이 시는 상상력에 의존해서 쓴 것 같아요. 왜냐하면…….

이곳의 학생들은 무척 열심히 공부하는구나.

아까 발표 잘 들었어. 난 마거릿이라고 해.

수업 시간에 네가 예로 들었던 시인의 작품을 몇 개 추천해 줄래?

물론이지. 그런데 내가 만든 문학 스터디 모임에 들어올 생각 없니? 함께 모여서 토론하다 보면 공부에 훨씬 도움이 될 거야.

그래, 좋아. 내가 정리해 놓은 문학 자료도 모임에 가져갈게.

시를 좋아했던 레오니와 마거릿은 금세 친한 사이가 되었습니다. 두 사람은 서로의 문학 공부에 도움을 주며 즐거운 학창 시절을 보내게 됩니다.

레오니의 추천으로 버나드 대학 신문의 편집을 맡게 된 마거릿은
학생들에게 도움을 주는 신문을 만드는 일에 보람을 느끼며
열심히 일했습니다.

마거릿.
너 얼굴이 많이
해쓱해졌어. 그러다
몸이라도 상하면
어쩌려고 그래?
걱정이다, 얘.

소피, 난 괜찮아.
내가 만든 신문이 학생들에게
도움이 된다고 생각하니
힘든 줄도 모르겠어.

하여간 마거릿은
뭐든 시작하면 끝장을
보는 성격이라니깐.
얘를 누가 말리겠어?

그렇지만
재밌는 걸
어떡해~

좋아! 인류학으로 결정했어.

마거릿이 선택한 인류학 수업의 담당이었던 보애스 교수는 다양한 민족 문화를 연구한 경험을 바탕으로 강의를 진행했습니다.

오늘은 미국 원주민인 인디언 부족에 대해 설명하겠어요. 아까 나눠 준 사진 자료를 봅시다.

미래를 꿈꾸는 당찬 여학생 **65**

이 기둥은 미국 원주민이 만들어 마을에 세워 둔 것입니다. 그 의미는 무엇일까요?

그 기둥은 원주민이 자신의 조상이라고 믿는 동물들을 나무에 조각한 것입니다. 부족의 풍요와 다산을 기원하는 것이죠.

자, 그럼 계속해서 다음 사진 자료를 봅시다. 이 사진은 원주민의 독특한 결혼 문화를 담은 것입니다.

보애스 교수님의 수업은 정말 훌륭해! 교수님의 설명을 듣고 있으면 나도 모르게 원주민의 문화 속에 빠져드는 것만 같아.

그런데 왜 이렇게 학생들이 적은 걸까? 정말 훌륭한 강의인데.

연구실
-보애스 교수-

똑똑

조교님, 안녕하세요? 인류학 수업을 듣는 학생들의 과제물을 모두 걷어 왔어요. 여기에다 두면 되죠?

정말 고마워, 마거릿.

휴, 그나저나 학생 수가 너무 적어서 걱정이야. 이러다가 다음 학기에는 보애스 교수님의 강의가 없어질 수도 있겠어…….

네? 보애스 교수님의 강의가 없어진다고요? 이렇게 좋은 강의가 사라진다니 말도 안 돼요!

학생 수가 너무 적으면 강의가 취소되기도 하거든. 보애스 교수님이 대단한 분인 건 맞지만, 아직 인류학에 대해 관심 있는 학생들이 적은 게 문제야.

교수님의 강의가 사라지는 걸 그냥 두고 볼 순 없어요.

마거릿은 학교 친구들에게 인류학 강의의 장점을 열심히 알렸습니다.

와! 다른 민족의 문화에 관해 배운다고? 재밌겠다.

나도 호기심이 생기는데? 다음 학기에는 인류학 강의를 들어 봐야겠어.

인류학 강의
- 담당 보애스 교수 -

*루스 베네딕트: 미국의 인류학자로, 제2차 세계 대전 중 적국 일본의 문화를 분석하기 위해 쓴 저서 《국화와 칼》로 유명하다.

그럼! 뉴멕시코주에서 그들과 함께 6개월이나 지냈는걸?

네? 6개월이나요?

응. 주니족과 같이 먹고 자며 그들의 생활을 자세히 조사했지.

선배, 정말 대단해요! 여자의 몸으로 그곳에 혼자 지내셨다니!

지금도 그곳이 그리워. 원주민들과 함께 농사도 짓고, 축제 땐 함께 어울려 춤도 췄었는데.

와! 재미있겠다.
저도 꼭 한번
가 보고 싶네요.

지금은 그렇게 말하지만
막상 그곳에 가면 당장 집으로
돌아가겠다고 할지도 몰라.
도시 생활에 익숙한 사람들에겐
쉬운 일이 아니거든.

나도 처음에는
얼마나 힘들었다고.
정말 끔찍했지.

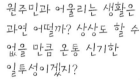

원주민과 어울리는 생활은
과연 어떨까? 상상도 할 수
없을 만큼 온통 신기한
일투성이겠지?

전혀 알지 못하던 세상의 사람들과 함께
생활하다니! 인류학은 알면 알수록
매력적인 학문인 것 같아.

전통을 지키며 사는 사람들(1)

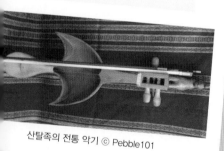

차우 춤 공연. 공연에 등장하는 신이나 인물을 맡은 무용수들은 정교하게 만든 가면을 쓰고 등장합니다.
© rajkumar1220

산탈족의 전통 악기 © Pebble101

하나 산탈족

인도 갠지스강 유역에서 유목 생활을 하던 산탈족은 비하르주의 초타나그푸르 지역으로 이동해서 사냥을 하거나 농사를 지으며 살게 됐습니다. 산탈족은 18세기 무렵부터 힌두족과 왕래하며 문화적으로 많은 변화를 겪게 됩니다. 땅을 빌려주고 그 대가를 받는 '지주제'가 도입되면서 산탈족은 힌두족의 소작인이 되기도 했고, 더러는 벵골 지역으로 옮겨 가서 차 농사를 짓는 인부나 탄광의 광부로 살아가게 됐습니다. 이 과정에서 공동체의 끈끈함이 조금 약해지기는 했지만, 이들은 여전히 스스로의 문화를 지키고자 하는 강한 열의를 지니고 있답니다.

산탈족이 주로 거주하는 인도 동쪽의 오리사 지역과 벵골, 비하르 지역에서는 그들의 독특한 풍습을 볼 수 있는데, 특히 비하르에서는 차우 춤이 유명합니다. 차우 춤은 인도에서 전해 내려오는 고대 서사시나 신화의 내용을 춤으로 표현한 것입니다.

who? 지식사전

인도의 문화, 헤나와 카레

인도에서는 명절이나 결혼식처럼 기쁜 날에는 손등이나 팔에 독특한 문양을 그리는데, 이때 사용하는 재료가 바로 헤나입니다. 헤나 나무는 이집트가 원산지로 인도와 파키스탄 등 기온이 높고 건조한 지역에서 잘 자랍니다. 이 나무에서 얻은 헤나 가루는 보통 초록빛이 도는 갈색이며, 물에 타서 진흙처럼 만들어 사용합니다.

인도의 대표적인 음식으로는 카레가 있습니다. 카레라는 말은 국물을 뜻하는 인도어에서 유래한 말이에요. 카레를 먹으면 몸에 열과 땀이 나고, 곧 시원해지기 때문에 무더위를 이겨 낼 수 있어서 인도인들이 즐겨 먹는다고 합니다.

손등에 헤나를 그리는 모습
© Wolfgang Sauber

둘 〉 바탁족

수마트라섬 북부에 사는 바탁족은 벼농사를 지으며 말과
물소를 길러서 생활하는 부족으로, 주로 토바호 주변에 모여
살고 있습니다. 16세기 초까지 다른 부족의 지배를 받았으며
20세기 초에는 네덜란드의 식민 지배를 받았습니다.
족장이 마을을 다스리며, 친척들끼리 모여 사는 대가족
제도를 따릅니다. 마을에는 '메레사'라고 하는 전통적인
장소가 있는데, 이곳은 남자들만 머무를 수 있는 특별한
거처입니다. 8살이 넘은 소년이면서 아직 결혼하지 않은
남자, 홀아비, 이방인들이 메레사에서 함께 밤을 지내며
종교 행사를 치르거나 교육을 받기도 합니다.

바탁족의 전통 가옥 ⓒ Raul Heinrich

바탁족은 독특한 형태의 가옥을 짓습니다. 이 가옥은
거주용으로 쓰이는 '루마'와 곡물을 저장하는 창고인
'소포'로 나뉩니다. 바탁족은 집을 지을 때 특이하게도
못을 사용하지 않고 말뚝이나 쐐기로 연결하는 방식을
사용합니다. 또 기둥을 땅에 묻지 않고 단단한 바위 위에
세워 놓는데, 그 이유는 이 지역에 많이 서식하는 흰개미가
나무 기둥을 타고 올라오지 못하도록 하고, 습기로 인해
나무가 썩는 것을 막기 위해서지요. 또, 집도 땅 위가
아닌 기다란 기둥 위에 올려 지은 형태이기 때문에 쥐나
동물로부터도 안전하답니다.

바탁족의 전통 결혼식 ⓒ Picsplease

바탁족의 전통 가옥은 예술적으로도 뛰어납니다. 가옥
외부를 세밀한 조각과 그림으로 장식했는데 주로 흰색,
빨간색, 검은색을 사용해서 화려하게 채색합니다.
바탁족은 토속 신앙이 매우 강한 부족이에요. 부족의
정신적 지도자이자 주술사인 '다투'라는 존재가 주문을
외우면 마을 사람들을 위험으로부터 보호한다고 믿습니다.
다투는 예언을 하기도 하고 병을 치료해 주기도 하며
안마사의 역할도 수행합니다.

바탁족의 주술사가 사용하는 책

먀오족의 의상

먀오족의 전통 공예 ⓒ Mk2010

셋   먀오족

먀오족은 중국 구이저우성, 윈난성, 후난성 지역과 라오스, 태국 등지에 살고 있습니다. 먀오라는 이름은 중국 한족이 남부의 만족을 가리키는 명칭에서 비롯되었다고 합니다. 주로 산간 지방에 사는 먀오족은 잡초나 못 쓰는 나무를 불태워 버린 산속 땅을 일구어서 농사를 짓는데, 옥수수와 메밀, 수수, 콩 등을 주로 재배해요.

먀오족은 손재주가 좋아서 뛰어난 수공예품을 만들어 내는데, 특히 천을 짜는 기술이 일품입니다. 먀오족의 여인들은 어릴 때부터 천을 다루는 방법을 배워요. 실을 엮어서 천을 만드는 방법부터 갖가지 색을 입히는 염색 기술, 자수를 놓거나 주름을 잡아서 모양을 내는 방법까지 다양하게 익히지요. 이런 기술은 마을마다 조금씩 달라서 개성 있는 먀오족의 의복이 만들어질 수 있었습니다.

여성들이 입는 옷은 조끼와 다리 보호대, 바지, 치마로 구성되어 있습니다. 축제 날이 되면 여성들은 주름이 많이 잡히고 화려한 장신구가 달린 옷을 입고 저마다 자신의 아름다움을 뽐내기도 합니다. 이처럼 의복 기술이 발달한 먀오족은 옷의 빛깔에 따라 각 부족이 구분된다고 합니다.

who? 지식사전

옷감의 종류

다양한 직물들
ⓒ Stephen Shephard

옷감은 천을 만드는 원료와 방법에 따라 다양한데 우선 목화솜, 누에고치, 양털 등 자연에서 얻을 수 있는 재료로 만드는 천연 섬유와 석유를 가공해서 만드는 합성 섬유로 나눌 수 있습니다. 또한 실을 직각으로 교차해서 짜는 천은 직물이라고 하고, 실 한 가닥을 가지고 고리 모양으로 계속 엮어서 짜는 천은 편성물이라고 합니다. 직물은 올이 잘 풀리지 않아 튼튼하고, 자유롭게 잘라서 쓸 수 있다는 장점이 있습니다. 반면 편성물은 직물보다 부드럽고 유연하지만 한 가닥의 실이 계속 연결되어 있기 때문에 만약 중간에 끊기면 올이 풀리기 쉽다는 단점이 있습니다.

넷 **아이누족**

아이누족은 일본 홋카이도와 러시아의 사할린, 쿠릴 열도 지역에 살고 있습니다. 현재는 소수만 남아 있지만 자신들의 전통을 지키려는 의지가 강한 부족입니다. '아이누'라는 이름은 아이누족 언어로 '인간'이라는 뜻인데, 19세기 후반부터 널리 사용됐습니다. 아이누족은 눈매가 깊고 쌍꺼풀이 짙으며 코가 오뚝해서 윤곽이 뚜렷한 모습입니다. 아이누족은 신의 세계와 인간의 세계, 죽은 뒤의 세계가 존재한다고 믿습니다. 또한 불이나 바람, 천둥과 같은 자연 현상은 물론이고 곰이나 범고래, 버섯, 쑥 같은 동식물에도 영혼이 있다고 믿어 신으로 모시지요. 아이누족의 의례 중 가장 유명한 것으로 곰의 영혼을 신의 나라로 되돌려 보내는 '이오만테'를 들 수 있습니다. 겨울잠을 자는 새끼 곰을 잡아서 키우다가 몇 년 뒤 마을에서 남자들이 모여 신에게 기도를 올리고, 곰의 신이 편안하게 잠들게 한다는 의미로 곰을 죽여 밤늦게까지 성대한 의식을 치릅니다. 아이누족은 주로 자연환경에 의지해서 살아갔기 때문에, 곰과 같은 다양한 동물이나 식물을 신으로 섬기게 되었습니다.

아이누족은 일본 홋카이도와 러시아 사할린 등지에서 살고 있습니다.

이오만테 의식

토테미즘

원시 사회의 종교 형태 중 하나로 특정한 동물이나 식물 혹은 자연과 자신들이 밀접한 관계를 지닌다고 믿고, 그것을 집단의 상징으로 삼아서 숭배하는 것을 뜻합니다. 우리나라의 건국 신화인 단군 신화에서 곰과 호랑이가 등장하는 것도 토테미즘의 영향이라고 볼 수 있지요. 토테미즘이 성립하기 위해서는 크게 네 가지 조건이 있는데, 우선 집단의 이름이 그 토템의 명칭으로 불리며, 토템과 관련된 전설이 존재해야 합니다. 또한 토템인 동물이나 식물을 해치지 않으며 그것을 신성시하는 의식을 거행합니다.

방울뱀 토테미즘
© Williamwaterway

4 인류학자의 길에 들어서다

마거릿은 졸업하면 대학원에 진학한다고 했지? 넌 공부를 워낙 좋아하니까 대학원에 가서도 잘할 거야.

그런데 아직 전공을 정하지 못해서 고민이야.

대학원에서도 그냥 영문학을 공부하지 그래.

맞아, 넌 글도 잘 쓰잖아.

하지만 요즘은 자꾸 인류학에 관심이 많아져서 말이지.

그런데 이 사진은 뭐지?

사람들이 도로를 만든다고 전부 파헤쳤잖아? 원주민의 마을을 함부로 없애 버리다니, 어떻게 이럴 수가!

이러다간 전통적인 원주민 마을이 흔적도 없이 사라지는 거 아닐까? 그렇다면 원주민들의 독특한 문화를 연구할 시간이 얼마 남지 않았다는 건데…….

그래, 더 이상 망설일 여유가 없어! 당장 인류학을 연구하지 않으면 다음엔 기회가 영영 없을지도 몰라.

전통을 지키며 살아가던 원주민들의 문화가 파괴되는 모습에 충격을 받은 마거릿은 인류학자가 되어 사라져 가는 원시 부족의 문화를 연구하기로 결심합니다.

대학을 졸업하고 루서와 결혼한 마거릿은 컬럼비아 대학 인류학과 대학원에 진학합니다.

인류학은 젊은 학문입니다. 그만큼 새로 공부할 분야가 무궁무진하다는 뜻이죠.

여러분은 인류학을 통해 무엇을 알고 싶습니까?

저는 인간이 어떤 과정을 거쳐 진화했는지 알고 싶습니다.

저는 세계 곳곳에서 무슨 언어를 사용하는지 알아보려고 합니다.

실은 제가 주일 학교에서 아이들을 가르쳤던 적이 있거든요. 사춘기 아이들은 부모님에게 대들거나 방황하는 일이 많더라고요.

음…….
사춘기에 반항하는 거야 흔한 일이지.

그렇죠.
하지만 다른 사회의 청소년들도 같을까요? 미국에서는 흔한 일이지만 원시 부족 사회에서는 우리와 다를 수도 있죠.

오, 그거 흥미롭군.
좋아! 자네가 이 주제에 대해서 연구할 만한 장소를 찾아보겠네.

네, 교수님.
열심히 하겠습니다.

인류학자의 길에 들어서다 **83**

1924년, 마거릿은 캐나다 토론토에서 열린 영국 과학 진흥 협회 모임에 참석하여 인류학자들과 다양한 얘기를 나눌 수 있었습니다.

이번에 아프리카 오지를 조사하고 오셨다면서요?

네, 아무도 연구하지 않은 부족이라 조금 위험했지만 다행히도 그들과 금방 친해졌어요.

저도 가족처럼 지내는 부족이 있어요. 그들을 연구한 건 제가 처음이거든요.

나도 저 인류학자들처럼 나만의 원주민 가족을 만들고 싶어! 그러려면 누구도 연구하지 않은 새로운 부족을 찾아내야 해.

하지만 아메리카 원주민은 다른 학자들도 많이 연구하고 있어. 굳이 나까지 인디언 부족을 연구할 필요가 있을까?

그래, 이대로 포기할 순 없어.

반드시 폴리네시아에 가서 나만의 원주민 가족을 만들고 말 거야.

마거릿은 폴리네시아에 관한 책과 논문을 수없이 읽으며 차근차근 연구를 준비했습니다.

몇 달 뒤.

마거릿, 어서 오게.

교수님, 부르셨어요?

자네, 혹시 아직도 폴리네시아에 대한 미련을 버리지 못한 건지 궁금해서 불렀네.

죄송합니다, 교수님. 저는 꼭 그곳에서 연구해 보고 싶어요.

대학원 공부 외에도 따로 폴리네시아 지역을 공부하느라 바쁜 걸 알고 있었네. 자네 고집에 내가 졌군.

헉

의지가 그토록 확고하니 어쩔 수 없지. 폴리네시아에서 연구하는 걸 허락하겠네. 대신 한 가지 조건이 있어.

하지만 막상 현장에 처음 가 보면 많은 어려움이 있을 거야.

각오는 되어 있어요.

혼자 공부하고는 있지만 쉽지 않네요. 사모아에 가면 원주민의 도움을 받을 생각이에요.

일단은 사모아 지역의 말부터 배워야 할 거야.

너무 조급하게 생각하지 말게. 모든 조사는 하루아침에 이루어지는 것이 아니니깐.

네, 걱정 마세요.

전통을 지키며 사는 사람들(2)

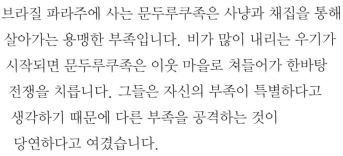

하나 **문두루쿠족**

브라질 파라주에 사는 문두루쿠족은 사냥과 채집을 통해 살아가는 용맹한 부족입니다. 비가 많이 내리는 우기가 시작되면 문두루쿠족은 이웃 마을로 쳐들어가 한바탕 전쟁을 치릅니다. 그들은 자신의 부족이 특별하다고 생각하기 때문에 다른 부족을 공격하는 것이 당연하다고 여겼습니다.

브라질이 위치한 남아메리카 지역에 사는 부족들의 신화에는 새가 많이 등장하는데, 이는 새를 신성하고 중요한 동물로 여겼다는 증거입니다. 그래서 이곳에 사는 원주민들은 금강앵무, 봉관조, 투칸 등의 새

문두루쿠족

깃털을 가지고 자신들의 정체성을 드러내곤 합니다. 아버지는 아들에게 새의 종류를 구별하는 법, 새를 효과적으로 사냥하는 기술, 사냥한 뒤에 새를 손질하여 깃털을 벗기는 요령 등을 꼼꼼하게 가르칩니다. 새의 깃털 색마다 상징하는 의미가 모두 다르기 때문에 문두루쿠족 남자들은 장신구를 만들 때 이 점을 특히 신경 써서 깃털로 몸치장을 한답니다.
문두루쿠족의 머리 장식은 주로 용감한 전사들이 쓰기 위해 만들어졌습니다. 금강앵무의 깃털로 화려하게 장식하며, 등까지 길게 늘어지는 깃털은 검은색과 푸른색이 섞여 있는 봉관조의 깃털로 이루어져 있습니다.
문두루쿠족은 주로 아마존의 타파조스강 주변에서 살고 있어요. 그들은 이 강에 식량, 주거지와 같은 생존 기반을 두었을 뿐만 아니라, 강을 신과 같이 생각하고 있었습니다. 그래서 타파조스강에 대형 댐이 들어선다고 할 때, 국제 환경 단체와 함께 싸워 강과 주위 환경을 지켜내기도 했습니다.

문두루쿠족의 머리 장식

둘   호피족

호피족은 미국에 사는 아메리칸 인디언 중 하나인
푸에블로족에 속하기 때문에, 서부 푸에블로족이라고도
불립니다. 이들은 자연의 영혼인 카치나가 세상을 창조했다고
믿어요. 카치나는 지구를 만든 어머니이자, 자연 현상을
좌지우지하는 신성한 존재로서, 태양을 상징하며 비를
내리게 하고 또한 죽은 자를 보호한다고 여겨집니다.
호피족의 주요 행사 중 하나는 카치나를 맞이하는
의식이에요. 이때 무용수는 카치나를 상징하는
가면과 옷으로 치장하고 춤을 추는데, 이러한 의식을
통해서 카치나가 부활한다고 믿습니다. 마을의 어른들은
어린아이들이 부족의 정체성을 이해할 수 있도록 카치나
인형을 선물로 주기도 하지요. 카치나는 때에 따라 각기
다른 모습을 하고 있다고 믿기 때문에 호피족이 생각하는
카치나의 모양은 250여 가지가 넘습니다.

카치나 인형

셋   나바호족

나바호족은 아메리카 인디언 중에서 가장 인구가 많은
축에 속하며, 북아메리카 남서부 지역인 뉴멕시코주와
애리조나주, 유타주 등에 살고 있습니다. 수렵과 채집으로
생계를 유지하다가 푸에블로족의 농경 기술을 도입했습니다.
나바호족은 애리조나주와 뉴멕시코주를 거치면서 그곳에 있는
터키석을 많이 캐 왔어요. 그들은 터키석이 하늘에서 내려 준
신비한 돌로서 강력한 힘을 지니고 있다고 믿었습니다. 그래서
터키석을 곱게 가루로 다져서 약으로 사용하고, 아름답게
가공해서 장신구로도 만들었습니다. 나바호족은 19세기
멕시코인들에게 금속 공예 기술을 전수받아 은세공에도
탁월한 능력을 지니고 있으며, 나바호 융단이라고 불리는
양탄자 제조 기술로도 유명합니다.

호피족 여인들

나바호족 은공예 기술자

넷 〈 **마오리족**

마오리족은 뉴질랜드의 원주민을 말해요. 원래는
폴리네시아의 섬에 살던 부족이었습니다. 먹을 것을 찾기
위해 새로운 땅으로 나섰고, 뉴질랜드에 정착해서
살기 시작했다고 알려져 있습니다. 뉴질랜드로 이주한
백인과의 갈등은 있었지만, 결국 지금은 백인과
공존하며 살아가고 있어요. 그래서 호주나 미국의
원주민이 백인에게 많은 탄압을 받았던 것에 종종
비교되곤 합니다.

이들의 전통 문화도 비교적 잘 보존되어서,
뉴질랜드의 좋은 관광 자원이 되었습니다. 특히 전통
춤인 하카나, 코를 맞대는 독특한 인사법은 아주
유명하답니다. 하카는 원래 부족 간의 전쟁에서
자신들이 얼마나 강한지를 보여주고, 상대를 위협하기 위해
추던 춤이었습니다. 또, 마오리족은 지금도 유명 인사가
방문하거나 특별한 의식을 치를 때 코를 맞대어 인사하곤
합니다.

전통 춤인 하카를 추고 있는 마오리족 군인들의 모습

who? 지식사전

마거릿 미드는 사모아섬의 원주민과 함께
생활하며 그들을 관찰했습니다.
© Tomste1808

새로운 문화를 연구하는 방법, 참여 관찰법

세계 곳곳에서 문명과 거리를 둔 채 살아가는 원시 부족이나, 우리에게 생소한
문화를 가진 사람들을 연구하기 위해서는 어떤 방법이 사용될까요? 인류학에서
중요하게 사용하고 있는 방법이 바로 연구하려는 대상 집단의 구성원으로 참여하는
참여 관찰법입니다. 마거릿 미드 역시 폴리네시아의 섬에 직접 가서 생활하며,
원주민의 생활 방식을 누구보다 깊이 있게 익힐 수 있었습니다. 관찰하는 사람들의
행동과 말을 자세히 기록하고 조사해서, 그들의 생각이나 행동의 의미를 깨달을 수
있습니다. 다만 이때 객관성을 잃지 않기 위해 다양한 책과 같은 자료를 참고하는
것이 중요합니다.

이러한 참여 관찰법은 꼭 멀리 떨어진 오세아니아나 아프리카에서만 할 수 있는
것은 아닙니다. 예를 들어 조사하는 사람이 자기가 사는 지역의 청소년에 대해
연구하기로 한다면, 학교나 학원을 찾아가 그들의 삶을 체험해 볼 수 있겠지요.

다섯 이누이트족

북극에 사는 이누이트족은 캐나다의 빙산 지대에
살다가 알래스카로 이주했습니다. 흔히 알고 있는
'에스키모'라는 이름은 캐나다 원주민이 이누이트족을
가리켜 '날고기를 먹는 인간'이라며 비하하는 의미로
부른 것이라 알려져 있습니다.

이누이트족은 비교적 날씨가 포근한 편인 봄과
여름에는 천막을 치고 지내지만, 추운 겨울이 되면
이글루라는 얼음집에 들어가거나 땅을 파서 만든
굴에서 생활합니다.

이누이트족은 사냥을 많이 한 공동체가 그러지 못한
사람들을 불러서 음식을 나누어 먹는 풍습이 있습니다.
이때 음식을 먹으면서 모두가 북소리에 맞춰 신나게 춤을
춥니다. 특히 풍족한 생활을 기원하며 의식을 치를 때는
가면을 쓰고 춤을 추는데, 그들은 가면이 인간과 이누아
신을 연결시켜 주는 역할을 한다고 믿습니다. 이누아는
세상의 모든 생명체의 삶과 죽음을 다스린다고 생각하며
이누이트족이 섬기는 신입니다.

이누이트족은 주로 남자들이 사냥해 온 고래나 바다표범,
순록의 고기와 기름, 뼈, 힘줄을 가지고 생활에 필요한
물건을 만듭니다. 특히 바다표범의 기름은 등불의
원료나 난방 연료로 사용되기 때문에 귀하게
여깁니다. 여자들은 바다표범과 순록의 털가죽을
가지고 추운 날씨를 이겨 낼 수 있는 옷과 이불을
만들지요. 아기 엄마들은 자신의 옷의 어깨
부분을 넓히고 큰 모자를 단 뒤, 아이를 그 안에
넣어 추위로부터 보호합니다. 또한 바지와 신발,
장갑에도 털을 덧대어 보온에 강한 의복을 갖추는
것이 특징입니다.

이누이트족 여인. 이누이트족은 주로 북극에
살고 있습니다.

이누이트족의 이글루 마을

이누이트족의 털신. 이누아트족은 보온성이 강한 의복을
입습니다. © Stefania Savluc

5 사모아의 청소년

1925년 8월 31일, 마거릿은 폴리네시아에 있는 미국령 사모아 파고파고에 도착합니다.

내가 사모아에 오다니 정말 꿈만 같아!

사모아는 서사모아와 미국령 사모아로 나뉘는데, 마거릿이 도착한 곳은 동쪽에 있는 미국령 사모아였습니다.

마거릿은 먼저 사모아어 공부부터 시작했습니다. 원주민들과 자유롭게 소통하며 가까워지기 위해서였습니다.

휴~,
사모아어는
정말 어렵네요.

그래도 금방 익히시는데요.
오늘 공부는 여기까지 할게요.

네, 좋아요.

오늘은 수업도 일찍
끝났으니 주변을 좀
돌아봐야겠어.

이곳은 벌써 미국 문화가 많이 퍼져 있구나. 원주민이라고는 해도 서양인과 비슷한 옷을 입고 생활하고 있어.

이곳이 안전하기는 하지만 전통적인 원시 부족을 연구하기는 힘들 것 같아. 여기에 만족해야 할까?

원주민 언어를 완벽하게 익힌 마거릿은 타우섬으로 향하게 됩니다.
타우섬은 원주민의 문화를 고스란히 간직하고 있는 곳이었습니다.

아니! 이렇게 포기할 순 없어. 내 연구에 적합한 곳을 찾아 떠나야겠어.

타우섬 미국 해군 보건소에서 근무 중이던 홀트 장교와 가족들이 마거릿을 따뜻하게 맞아 주었습니다.

안녕하세요? 타우섬에 오신 걸 환영합니다.

반갑습니다, 홀트 씨.

이곳이 앞으로 지내실 곳입니다. 많이 누추해서 죄송합니다.

그럴 리가요. 아늑하고 좋은걸요. 감사합니다.

천만에요.

나도 드디어 현지 조사를 하게 되는구나! 오늘은 푹 쉬고 내일 아침부터 본격적으로 시작해 봐야지.

마거릿과 금세 친해진 아이들은 마거릿의 숙소에 자주 놀러 오곤 했습니다.

땅
땅

자, 다 같이 감자 먹자.

와, 감자다.

맛있겠다.

이건 뭐예요?

그건 만년필이라는 거야. 글씨를 쓰는 도구란다.

만년필이요?

아이들이 마거릿을 데려간 곳은 마을 부근에 있는
바닷가였습니다. 노을로 붉게 물든 하늘과
햇빛에 반짝이는 바닷물이 어우러진 풍경은
입을 다물 수 없을 만큼 아름다웠습니다.

어때요?
정말 예쁘죠?

응, 진짜 멋지다!
이런 곳에 데려와
줘서 정말 고마워!

마거릿은 아름다운 사모아의 타우섬에서 원주민 아이들과
마음을 터놓고 지내며 깊은 우정을 쌓아 나갔습니다.

며칠 뒤.

안녕?
그동안 잘
지냈니?

마켈리타,
어서 와요.

어머, 귀여워라.
이 아기는 누구니?

제 동생이에요.

동생이
장난꾸러기인가
보네. 아기 보기
어렵지 않니?

전 어려서부터 동생을
돌봤는걸요. 이 정도는
식은 죽 먹기죠.

미국에서는 한창 사춘기로
방황할 나이인데 이곳 아이들은
집안일에 별로 불만을 갖지 않아.

요즘 네가 가장 관심 있는 일은 뭐니?

글쎄요.

그럼 장래 희망이 뭐니?

아마 좀 더 나이가 들면 부모님처럼 살겠죠. 모든 사람들이 비슷하게 사니까요.

어른이 되면서 큰 변화를 겪는 미국 아이들과는 달리 사모아섬 아이들의 삶은 단순하고 평화로워.

이곳 아이들이
청소년기에 방황하지 않는
다른 이유가 있는지
좀 더 조사해 봐야겠어.

바람 소리가
심상치 않은데
비가 많이 오나?

어머!

펼럭

펼럭

마거릿,
지금 태풍이 오고 있어요.
빨리 나와요.

밤새도록 휘몰아치던 태풍이 잠잠해진
다음날 아침, 누군가 마거릿을 찾아왔습니다.

탕 탕

마켈리타!

너희들 모두
무사했구나.
정말 다행이다.

마켈리타!
괜찮아요?

하지만 우리 집 지붕이
날아가 버린걸요.

우리 집은
완전히
무너졌어요.

뭐라고?

태풍이 휩쓸고 지나간 마을은 하룻밤 사이에
쑥대밭이 되어 있었습니다.

집이 산산조각 났으니
이를 어쩌면 좋아.
흑흑~

으앙

맙소사! 대체 이 일을
어쩌면 좋지?

그러나 사모아 주민들은 강인한 생명력을 지닌
부족이었습니다. 그들은 절망을 딛고 일어서
힘을 모아 마을을 복구하기 시작했습니다.

마거릿 역시 잠시 연구를 중단하고 마을을
복구하는 데 일손을 보탰습니다.

내가 들어 줄 테니
걱정 마.

고마워요,
마켈리타.

사모아인들이 안정을 되찾자 마거릿은 다시 마을 곳곳을 돌아다니고
관찰하며 그들의 생활에 관해 연구하기 시작했습니다.

이제 어머니와 살지 않는다고?

네, 바닷가에 있는 할머니 집에서 살 거예요. 할머니에게 그물 엮는 법을 배우고 싶어요.

어머니도 허락하셨나요?

타당한 이유가 있으니까요. 우리 부족은 자식의 결정을 존중하거든요.

사모아 사람들은 아이들의 선택을 강요하지 않아. 그러니 사춘기인 아이들도 어른에게 심한 반항심을 품지 않는 거야.

바로 이거야! 사춘기 문제는 사회의 문화에 따라 달라질 수 있어.

마거릿은 9개월간의 연구 조사를 마치고 미국으로 돌아가게 됩니다.

잘 가요, 마켈리타.

보고 싶을 거예요.

마켈리타, 이제 다시는 오지 않을 건가요?

나중에 반드시 돌아올 거야. 그때까지 건강하게 지내렴.

흑흑

미국으로 돌아온 마거릿은 연구한 내용을
정리하느라 바쁘게 지냈습니다.

마거릿, 차 좀 마시며
쉬었다가 해.

고마워요, 선배.

사모아에서 배운 것들을
빨리 논문으로 발표하고
싶어서요.

어떤 내용일지 벌써부터
기대된다.

돌아온 지 얼마
되지도 않았는데
너무 무리하는 거
아니니?

사모아 사회의
청소년들은 자연스럽게
어른으로 성장한다.
모두가 비슷한 삶을 살기
때문에 별다른 갈등도
겪지 않는다.

하지만 경쟁적인
미국 사회의 청소년들은
남들보다 잘해야 한다는
압박감 때문에 반항하거나
일탈하게 된다.

즉, 청소년기의 방황은
자연스러운 것이 아니라 환경에 따라
얼마든지 바뀔 수 있는 것이다.

그동안 논문 쓰느라
고생 많았지?
정말 수고했어, 마거릿.

후련하긴 한데 보애스 교수님께서
어떻게 평가하실지 걱정에요.

자네들 여기 있었군.
내일 오후에 다들
시간 좀 내 줄 수 있나?

실은 내가 마거릿의 논문에서 문제점을 하나 발견했네.

내가 뭘 잘못한 걸까?

움찔

처음 쓴 논문이라고는 믿을 수 없을 만큼 완벽하다는 게 바로 문제야.

네에?

호호

마거릿은 인류학계의 거물 보애스 교수에게 실력을 인정받으며 인류학자로서의 힘찬 첫걸음을 내디뎠습니다.

자네 논문을 책으로 출간하도록 돕겠네.

축하해, 마거릿.

당대의 인류학자

프란츠 보애스는 저명한 인류학자로
마거릿 미드의 스승입니다.

배핀섬. 보애스는 이곳에 사는 이누이트족
을 관찰하며 인류학자가 될 것을 결심했습
니다. ⓒ NASA ICE

하나 ▶ 프란츠 보애스

미국 인류학의 창시자라고 불리는 인류학자인 프란츠
보애스는 1858년 독일 북서부 지역의 유복한 유대인
집안에서 태어났습니다. 그는 인간 사회에 관해 연구하고
싶었지만 당시만 해도 인류학은 어떤 곳에서도 경제적인
지원을 받기 힘들었기 때문에 좌절에 빠지기도 했습니다.
그러던 어느 날, 보애스는 북극해 배핀섬 탐사 팀에 합류할
기회를 얻게 되었습니다. 그는 배핀섬에서 1년 이상 지내며
영하 50도까지 내려가는 혹독한 추위와 싸워야 했습니다.
보애스는 개 썰매를 타고 곳곳을 누비며 배핀섬의 해안선을
직접 지도로 기록하고, 이누이트족에게 전해 내려오는 각종
신화와 전통 의식, 의례를 관찰할 수 있었습니다.
이 북극 탐사를 계기로 보애스는 자신의 진로를 인류학으로
확실히 결정하게 됩니다. 그는 미국을 대표하는 과학 잡지인
〈사이언스〉에서 기자로 근무하면서 영향력을 넓혔고,
1888년에는 영국 학술 진흥원의 요청으로 북서 해안 지역의

who? 지식사전

초기 〈사이언스〉에 투자한 발명가
토머스 에디슨

권위 있는 과학 잡지, 〈사이언스〉

〈사이언스〉는 미국 과학 진흥회(AAAS)에서 발간하는 과학 전문 저널로서, 1880년
발명왕 토머스 에디슨의 투자를 받아 미국 언론인 존 미첼스가 창간했습니다. 이후
경제적인 어려움으로 파산과 재발행을 반복하던 〈사이언스〉지는 1900년 AAAS가
인수하면서 미국 과학의 명성을 대표하는 주간지로 자리 잡았습니다. 〈사이언스〉는
물리학, 생물학, 화학, 우주 과학 등 전반적인 과학 관련 내용을 다루며 매년 1,000편
가량의 과학 논문을 싣습니다. 〈사이언스〉에 게재되는 논문들은 편집자들의 심사와 외부
전문가의 엄격한 심의를 통해 선발되며 영국의 대표적인 과학 잡지인 〈네이처〉와 함께
세계 과학계에 큰 영향을 미치고 있습니다.

답사를 맡게 됩니다. 그는 그곳에 살고 있는 사람들의
신체적 특징과 언어 등을 조사했으며 특히 콰키우틀족과
침시아족의 사회가 어떻게 구성돼 있는지 등을
연구했습니다.

보애스는 컬럼비아 대학 인류학 교수로 활동하면서 '미국
인류학회' 설립에 주도적인 역할을 했으며, 총 6권의
책과 700편이 넘는 논문을 저술하는 등 활발한 연구
활동을 펼쳤습니다.

개 썰매. 이누이트족은 개 썰매로 눈 덮인 지역을 쉽게
이동할 수 있었습니다. ⓒ Ajarvarlamov

그는 저명한 인류학자인 동시에 사회에 기여하고자
노력하는 지식인이기도 했습니다. 보애스는 우선 미국
사회에 오랜 세월 뿌리내린 인종 차별 문제를 해결하고자
노력했습니다. 그는 자신이 연구한 결과를 바탕으로 어떤
인종이 다른 인종보다 더 똑똑하거나 강하다는 주장은
터무니없다는 사실을 밝혀냈습니다.

또한 1933년경, 독일의 나치즘을 강하게 비판하면서 히틀러의
인종 차별 정책이 얼마나 잘못된 일인지 알리는 내용의
글을 작성해서, 독일에 몰래 들여보내기도 했습니다.
보애스는 앨프리드 크로버, 루스 베네딕트, 에드워드
사피어, 마거릿 미드와 같은 인류학자들에게도 많은
영향을 미쳤습니다.

둘   루스 베네딕트

루스 베네딕트는 미국을 대표하는 인류학자입니다.

미국의 대표적인 인류학자 중 한 명인 루스 베네딕트는
1909년 배서 여자 대학에서 영문학을 전공하고 교사
생활을 합니다. 결혼한 뒤 주부로서의 역할에 충실하며
공부에 대한 열정을 애써 억누르던 그녀는 1931년 '신
사회 조사 연구원'에서 인류학을 공부하면서 자신의
진로를 바꾸게 됩니다. 그로부터 1년 뒤, 컬럼비아 대학에서
대학원 과정을 밟던 루스 베네딕트는 프란츠 보애스 교수에게

인류학을 배우며 인류학자로서의 길을 본격적으로 걷기 시작했습니다.

루스 베네딕트는 1924년 주니족, 1925년 주니족과 코치티족, 1927년 오탐족, 1931년 메스칼레로 아파치족 등을 조사하며 미국 남서부 지역의 부족을 연구했습니다. 그녀는 오랫동안 원시 부족을 연구한 내용을 바탕으로 《문화의 유형》이라는 책을 발표합니다.

루스 베네딕트는 부족들의 문화를 분석해서 그리스 신화에 나오는 주인공의 이름을 붙이곤 했어요. 예를 들면, 권력을 추구하는 경향이 강한 부족은 디오니소스 유형, 유순한 성격의 부족은 아폴로 유형이라고 부르는 방식이었습니다.

루스 베네딕트는 제2차 세계 대전 중이던 1944년, 미국 국무부로부터 적국인 일본에 관한 연구를 진행해 달라는 부탁을 받습니다. 베네딕트는 각종 자료를 분석하고 일본과 관련된 경험이 있는 사람들을 조사하는 방식으로 일본을 연구하기 시작했습니다. 처음 연구를 시작했을 때, 베네딕트는 일본인들의 일관성 없고 모순적인 행동에 당황했습니다. 평소에는 예의 바르고 얌전하지만, 전쟁에 있어서는 매우 공격적인 일본인의 모습이 서양인에게는 낯설었기 때문이에요. 많은 조사 끝에 그녀는 일본인이 어떻게 해서 이중적인 모습을 갖게 되었는지를 문화 인류학적인 관점에서 분석할 수 있었습니다. 베네딕트는 이렇게 극단적인 형태로 나타나는 일본 문화를 두고, 평화를 상징하는 국화와 폭력을 상징하는 칼을 떠올렸습니다. 이렇게 해서 만들어진 책이 《국화와 칼》이랍니다.

스승으로서 베네딕트의 재능을 아낀 보애스 교수는 자신이 학과장으로 재직하는 인류학과에서 베네딕트가 계속해서 연구해 나갈 수 있도록 자리를 마련해 줍니다. 베네딕트의 연구 성과는 많은 이들에게 큰 영향을 미쳤으며, 그녀는 컬럼비아 대학에서 가장 유명한 교수로서 명성을 떨쳤습니다.

주니족 소녀. 베네딕트는 이 부족을 아폴로 유형으로 분류하며 문화에는 상대적인 특징이 있다는 것을 알렸습니다.

일본 군의 공격을 받은 미국 항공 모함. 베네딕트는 미국 정부로부터 적국 일본을 연구해 달라는 요청을 받았습니다.

셋 앨프리드 크로버

미국의 인류학자 앨프리드 크로버는 다른 문화의 특징을
단순히 기록하는 데에서 벗어나 그것을 분석하는
방식으로 인류학을 발전시킨 사람입니다. 열여섯 살에
컬럼비아 대학에 입학한 그는 영어를 전공했지만, 우연히
프란츠 보애스 교수가 아메리카 원주민의 언어에 관해
설명하는 것을 듣고 인류학의 매력에 빠지게 됩니다.
컬럼비아 대학 인류학 연구원으로 활동하던 크로버는
캘리포니아 과학 아카데미에서 인류학 관장으로
임명됐습니다. 캘리포니아에 정착해서 그 지역 원주민에

앨프리드 크로버(왼쪽)는 아메리카 원주민 연구로
유명한 문화 인류학자입니다.

관한 연구를 진행한 그는 이를 바탕으로 70여 편의 책을
냈는데, 대표작으로는 《캘리포니아 인디언 편람》이
있습니다.

이 책은 약 1,000페이지로 캘리포니아에 거주하는
모든 원주민 부족에 관한 연구 내용이 총망라되어
있습니다. 여기에 원주민의 인구 조사 통계, 지명,
생계를 유지하는 방법, 우주관, 가족과 친척
사이의 관계 등이 상세하게 해설돼 있지요. 그는
철저한 연구를 위해 매번 현지 조사를 통해 일일이
원주민들을 만나 결과를 기록했고, 다양한 관련
문헌에 나오는 내용을 요약해 정리했어요. 여기에
선교사들이 원주민과의 생활을 보고한 자료 등을
참고해 이 책을 완성하였습니다.

캘리포니아 지역 인디언의 생활용품

그는 북아메리카 대륙의 인디언뿐만 아니라 한국,
중국, 일본, 인도, 동남아시아, 인도네시아의
현지 조사도 실시했습니다. 또한 인류의 문화유산이 급속하게
사라져 가고 있는 현실을 안타깝게 여기고, 이를 보존하기
위한 방안을 프란츠 보애스나 마거릿 미드와 같은 동료
인류학자들과 논의하기도 했습니다.

마거릿의 연구 결과를 담은 첫 책, 《사모아의 청소년》은
미국에서 돌풍을 일으켰습니다.

하루아침에 유명 인사가 된 그녀는 수많은
강연과 토크쇼 출연 요청 등으로 바쁜
나날을 보내게 됩니다.

루서와 헤어진 뒤, 마거릿은 일에 더욱 매달리며 고통스러운 나날을 보냈습니다.

휴……. 여자로 사는 게 이렇게 힘든 줄 몰랐어.

루서와 나 사이에도 저렇게 귀여운 아이들이 있었다면 어땠을까? 그럼 자식을 위해서라도 헤어지지 않고 행복하게 살지 않았을까?

자, 여기 있어. 조심해서 놀아야 한다.

네, 감사합니다!

이 녀석이 또 사내아이들과 어울리고 있었군!

또한 아직도 여성은 남성에게 종속되었다는 생각이 강했습니다.

여자와 남자의 역할을 확연히 구분할 필요가 있을까? 난 여자여도 남자들이 하는 일을 다 할 수 있는데 말이지.

남녀의 역할은 태어날 때부터 정해지는 걸까? 만약 사회에서 길들여지는 거라면…….

그래, 이번에는 남녀의 역할이 어떻게 결정되는지에 대해 연구해 보자! 남자와 여자는 평등하다는 걸 밝히고야 말겠어!

마거릿은 가슴이 뜨거워지는 것 같았습니다. 새로운 연구 주제는 그녀에게 삶의 의욕을 심어 주었습니다.

1931년, 마거릿은 동료 심리학자인 레오 포춘과 함께 뉴기니섬 내륙 지방을 연구하기로 했습니다.

세픽 강을 거슬러 올라가 보는 게 어때?

음, 이리로 가면 내륙 산간 지역으로 연결되는군.

그곳 사람들은 서양의 영향을 거의 받지 않았을 테니 우리 연구에 큰 도움이 될 거야.

뉴기니는 폴리네시아에 위치한 섬으로서 원시의 모습을 그대로 간직하고 있는 곳이었습니다.

뉴기니

사모아

다행히 멀지 않은 곳에 아라페시족 마을이 있었습니다.
마거릿 일행은 아라페시족 추장의 허락으로 당분간
이곳에 머무르기로 합니다.

며칠 뒤, 마거릿은 원주민 소년의
도움을 받아 마을 주변을 돌아보기로
했습니다.

걷다가 힘드시면
저한테 기대세요.

그래, 고마워.

안녕하세요?
만나서 반가워요.

쭈뼛

이 사람이 열두 살 때 내게 시집을 왔으니, 벌써 15년은 된 것 같군요.

두 분은 결혼하신 지 얼마나 되셨나요?

열두 살 때요?

우리 부족 사람들은 모두 어린 나이에 시집을 와서 남편의 가족이 되지요.

두 분의 사이가 참 좋아 보여요.

우리 부족은 대부분 이렇게 지내는걸요? 부부 싸움을 하는 일도 거의 없을 정도니까요.

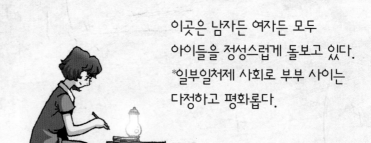

이곳은 남자든 여자든 모두
아이들을 정성스럽게 돌보고 있다.
*일부일처제 사회로 부부 사이는
다정하고 평화롭다.

아라페시족은 선천적으로 온순해서 조사에 호의적이었지만,
생활이 너무 단순해서 마거릿은 더 이상 연구할 내용을 찾기
힘들었습니다.

마거릿, 여기서
뭐 해?

요즘은 마을 사람들이 모두
농사 때문에 바빠서 나와 얘기할
시간도 없어. 참! 지난번 마을
축제는 잘 다녀왔어?

축제라고 하기에는 너무 시시했어.
게다가 이곳 사람들은 똑같은
일상만 반복하니 너무 지루해.
이제 다른 마을을 찾아보는 게
어떨까?

*일부일처제: 한 남편이 한 아내만 두는 혼인 제도

아라페시 마을에 머무르는 것이 더 이상 의미가 없다고 판단한 마거릿과 포춘은 유아트강 근처에 살고 있는 문두구머족을 찾아 떠났습니다.

이 마을은 식인종이 사는 곳이야.

뭐, 뭐라고? 식인종?

지금은 식인 풍습이 사라졌다니 겁먹을 것 없어.

아, 아

자꾸 놀리면 진짜 화낼 줄 알아!

아, 알았어······.

놀라지 마세요. 야자수 열매를 따는 거예요.

난 또 식인종인 줄 알고 놀랐잖아.

내가 아까 놀려서 겁먹은 모양이다. 미안해, 마거릿.

저 여자가 아까 그 남자의 둘째 부인이에요. 그런데 성질이 무척 사납죠.

저 둘은 부부 싸움을 심하게 하는 것으로 유명해요. 두 사람이 싸울 때면 온 마을 사람들이 구경하러 올 정도라니까요?

옥신

각신

아무도 말리지 않고 구경만 한다고?

그 재미있는 걸 왜 말려요?

아야, 엉엉!

찰싹
찰싹

저 녀석, 또 늦잠 잤나 보네? 매일같이 맞을 짓만 골라 하는군.

뭐라고? 그렇다고 저렇게 때리면 어떡해. 아기를 잘 달래야지.

뭣 하러 그래요? 말 안 듣는 아이에게는 매가 최고죠.

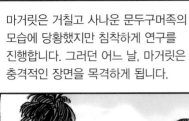

마거릿은 거칠고 사나운 문두구머족의 모습에 당황했지만 침착하게 연구를 진행합니다. 그러던 어느 날, 마거릿은 충격적인 장면을 목격하게 됩니다.

오늘따라 마을이 조용하네.

휙

응애

응애

응애

강에 뭘 던진 거지?

저, 저건 혹시?

혹시, 강에 버린 게 아기 아닌가요?

맞아요. 왜요?

아기를 버리시면 어떡해요?

우리 남편이 필요 없다는데, 당신이 무슨 상관이야!

이 사람들은 자식에 대한 모성애조차 없는 걸까?

마거릿은 문두구머족의 아기 버리는 풍습에 소름이 끼쳤습니다. 하지만 인류학자는 원주민의 생활을 관찰하며 연구할 뿐 함부로 끼어들어서는 안 된다는 규칙이 있었기 때문에 마거릿은 더욱 괴로웠습니다.

문두구머족은 아라페시족과 성격이 완전히 달라. 심지어 자식도 소중히 여기지 않다니.

얌전하고 잘 싸우지 않는 아라페시족과 달리 욕심도 많고 공격적인 문두구머족. 왜 이런 차이가 생긴 거지?

마거릿과 레오 포춘은 그레고리 베이트슨의 도움으로 무사히 챔블리족의 마을에 도착했습니다.

귀걸이 어때? 어제 만든 거야.

글쎄, 내 거보다 못한데? 내 귀걸이가 더 예뻐.

헤헤

뭐야, 너 부러워서 그러는 거지?

칫

어휴, 무슨 남자들이 저래? 꼭 여학생들 같잖아!

그런 말이
어디 있어요?
그건 고정 관념이죠.

그런가요?
아무튼 재미있는
남자들이군요.

굴적

어머? 저기 저
여자들 좀 봐.

특이하네. 남자들은
겉치장을 하면서 경쟁하고
있는데 말이지.

이곳의 여자들은
활동적이고
적극적이구나.

어느 날 마거릿은 챔블리족 마을의 축제를 보게 되었습니다.
와, 예쁘다.
아이, 좋아라.
레오, 이제야 알 것 같아! 아라페시족과 문두구머족, 챔블리족이 이렇게 다양한 모습으로 살아가는 이유 말이야.
마거릿, 드디어 밝혀낸 거야?

남녀 구분 없이 함께 아기를 돌보는 아라페시족, 모성애를 찾기 힘들었던 문두구머족, 미국과는 남녀 역할이 바뀐 것 같은 챔블리족. 이건 바로 남녀의 역할이 태어날 때부터 정해지는 게 아니라는 증거야.

마거릿은 연구 결과를 바탕으로 책을 썼습니다.
책은 출판되자마자 큰 화제를 불러 일으켰습니다.

『성과 기질』 출판 기념회

저는 오늘 여러분께 다소 충격적인 이야기를 들려 드리려고 합니다.

마거릿의 이런 주장은 남녀평등을 주장하는
여성 인권 운동가들에게 힘을 보태 주었습니다.

여성다움을
강요하지 마라!

남녀평등

아주 살판났군!
이게 다 마거릿 미드라는
여자 때문이야.

그러게, 조신하지 못한
여자 같으니.

마거릿은 자신의 의견에 반대하는 사람들을 피하지 않고
그들과 정정당당하게 토론을 벌였습니다.

마거릿 미드 박사가 연구한 몇 가지 사례만으로 일반적인 사회를 설명하는 건 불가능하오.

중요한 건 성별에 따라 아이들의 능력을 결정해서는 안 된다는 거예요. 역할은 단지 사회에서 학습된 것일 뿐이죠.

당신의 연구는 원시 부족에 관한 것이잖아요. 미국처럼 발전된 사회라면 남녀 간의 차이를 인정하는 게 당연한 겁니다.

그건 예전 우리 사회에서 힘센 남성의 노동력이 필요했기 때문입니다. 하지만 사회의 모습이 바뀌면 그것도 바뀌지 않을까요? 중요한 건, 남자든 여자든 자기가 잘할 수 있는 일, 또 하고 싶은 일을 하도록 돕는 것입니다.

쳇, 그럼 남자들도 빨래나 설거지를 하라는 건가? 저 여자 제정신이 아니군.

하지만 마거릿 교수의 말에도 일리는 있어.

수천 개의 섬, 폴리네시아

마거릿 미드는 1925년, 폴리네시아에 있는 사모아섬을
시작으로 현지 조사 작업을 꾸준히 해나간 결과 총 여덟
부족을 연구했습니다. 이 중 대부분은 폴리네시아에
지역에 있는 원주민들이었지요.
태평양에 있는 폴리네시아는 '많은 섬들'이라는
의미로서 오세아니아 동쪽 해역에 있는 수천 개의
섬을 함께 이르는 말입니다. 이곳에 있는 섬들 중에서
낮은 섬은 거의 산호의 분비물이나 껍데기가 쌓여서
이루어진 섬이고, 높은 섬은 대부분 화산 작용으로
만들어진 현무암으로 이루어진 섬입니다.
폴리네시아는 섬끼리 멀리 떨어져 있더라도 각 섬에 살고
있는 원주민들의 문화가 크게 다르지 않은 것이 특징이에요.
배를 만드는 기술과 항해 기술이 뛰어나서 교류가 잦았기
때문입니다. 또한 폴리네시아 사람들은 동일 혈통을 이루고
있는데, 큰 키에 밝은 갈색 피부를 지니고 있으며
지적 수준이 대체로 높은 편이라고 알려져 있습니다.
그럼 지금부터 마거릿 미드가 연구했던 폴리네시아의
사모아와 뉴기니 지역에 대해 알아볼까요?

폴리네시아에 있는 보라보라섬 전경 ⓒ jimg944

폴리네시아 원주민 소녀 ⓒ Jokejacket

하나   사모아섬

환경과 기후

남태평양 폴리네시아 동쪽 끝에 퍼져 있는
섬으로 이루어진 나라로, 정식 명칭은 사모아
독립국(Independent State of Samoa)입니다.
사모아에서 제일 큰 섬인 사바이섬에는 약 1,900m 높이의
실리실리산이 자리 잡고 있습니다. 사바이섬은 화산 폭발로

흘러나온 마그마가 굳어 만들어진 암석과 용암류가 섬의 대부분을 뒤덮고 있어 사모아의 주민들이 살고 있는 마을은 해안가에 있는 좁은 평지에 위치하고 있습니다. 이곳에는 무역풍의 영향으로 비가 많이 내립니다. 주로 11월에서 4월 사이에 장맛비가 내리며, 무덥고 습한 날씨이기 때문에 열대 식물이 섬을 온통 뒤덮고 있습니다.

하늘에서 바라본 사모아의 전경. 사모아는 2개의 큰 섬과 작은 섬들로 이루어져 있습니다.

역사와 정치

사모아섬에는 아주 옛날부터 동양에서부터 이주해 온 사람들이 터를 잡고 살아간 것으로 알려져 있습니다. 그러다 1722년, 네덜란드인이 태평양 지역을 탐험하면서 서양인들을 만나게 되었어요.

19세기 말, 사모아는 혼란에 휩싸였습니다. 당시 사모아를 다스리고 있던 왕조가 분열한 틈을 타서 영국과 독일, 미국 등의 강대국이 이곳을 점령하고자 했던 것입니다. 이 세 나라의 함대가 사모아 아피아 항구에 집결해 있던 1889년, 엄청난 태풍이 불어닥쳤습니다. 이 때문에 모든 함대가 침몰하는 사건이 발생했지요. 이 일을 계기로 3국 간에 협정이 맺어졌고, 서쪽 사모아는 독일이, 동쪽 사모아는 미국이 다스리게 됐습니다. 하지만 제1차 세계 대전 이후 독일이 패전국이 되면서, 독일이 지배하던 서사모아는 뉴질랜드가 위임 통치하게 되었습니다. 이처럼 오랜 세월 나라를 빼앗겼던 사모아인들은 자신의 나라를 되찾기 위해 독립 운동을 펼쳤고, 그 결과 1961년 유엔(국제 연합) 총회에서 사모아의 독립을 인정받았습니다. 1962년 정식으로 독립을 선언한 사모아는 1970년 영국 연방에 가입했고, 1976년 유엔에 가입하며 독립 국가로서 국제 사회에서 인정받았습니다.

사모아 전통 공연

둘 뉴기니섬

세계에서 두 번째로 큰 섬인 뉴기니섬은 오스트레일리아 북쪽에 위치하고 있습니다. 섬의 동쪽은 파푸아 뉴기니가 다스리며, 서쪽은 인도네시아의 영토입니다.

뉴기니라는 이름은 이곳에 왔던 스페인 사람들이 뉴기니의 풍경이 서아프리카 기니아 지방과 흡사하다고 한 것에서 유래했습니다. 중앙에는 동쪽과 서쪽으로 길게 뻗어 나가는 산맥이 있어 고원 지대는 시원하며, 열대 우림이 무성하지요.

한반도의 세 배를 훌쩍 넘는 크기의 이 섬에는 매우 다양한 민족이 살아가는 것으로 유명합니다. 마거릿 미드는 뉴기니섬에서 아라페시족, 문두구머족, 챔블리족에 관한 연구를 펼쳤습니다. 세 부족은 모두 뉴기니섬에 살고 있는 부족임에도 불구하고 뚜렷한 차이를 지니고 있었습니다.

찾아가기조차 매우 힘든 곳에서 살고 있던 아라페시족은 모두 따뜻하고 친절한 품성을 지닌 부족이었습니다. 아라페시족은

뉴기니섬은 한반도 면적의 세 배가 넘는 큰 섬입니다.

who? 지식사전

나무타기 캥거루 © Wichid

나무타기 캥거루

독특한 생물들이 살고 있는 자연의 보고 뉴기니섬에는 캥거루도 살고 있습니다. 특히 뉴기니 북동부 지역에는 붉은나무타기 캥거루가 9가지 종류나 살고 있습니다. 굵고 기다란 꼬리와 구부러져 있는 발톱이 특징이며 나뭇잎이나 열매 등을 먹습니다. 32일 동안 임신하고 있던 새끼를 낳으면, 어미는 아랫배 쪽에 있는 '육아낭'이라고 하는 주머니에 새끼를 넣어서 기릅니다. 나무타기 캥거루라는 이름답게 주로 나무 위에서 생활하는데 낮에는 휴식을 취하다가 밤이 되면 먹이를 구하거나 물을 마시기 위해서 땅으로 내려 돌아다닙니다. 나무타기 캥거루는 나무 위에서 아래로 내려올 때 약 9m 정도의 높이에서 점프를 하지만 다치는 일 없이 안전하게 뛰어내릴 수 있다고 합니다.

남성과 여성이 모두 자녀를 기르는 일에 참여했고, 이것을
매우 중요하게 여겼습니다. 또, 대부분의
사람들이 이웃을 배려하고 서로에게 친절하게
대하려 했지요. 이곳은 늘 조용하고 평온했고,
남녀 사이에 차이점도 거의 없었기 때문에
마거릿은 처음에 조사할 것이 많지 않다고
느꼈습니다.

마거릿이 문화가 성(性)에 미치는 영향을 연구했던 뉴기니섬. 섬의
저지대는 주로 열대 우림으로 덮여 있습니다. ⓒ Arthur Chapman

마거릿이 다음으로 찾아간 문두구머족은
유아트강 근처에 살고 있으며, 한때는 사람을
잡아먹는 식인종이었을 만큼 성격이 난폭하고
공격성이 강한 부족입니다. 특히 원치 않는
아이를 낳은 경우, 강물에 버리는 문화를
가지고 있어 마거릿이 큰 충격을 받기도 했습니다.
이후 만나게 된 챔블리족은 남녀 특성의
차이가 뚜렷한 부족입니다. 남자들은 주로
예술 작품을 만드는 일을 맡고 있었는데,
조각이나 그림에도 뛰어났고 춤을 추거나
천을 짜는 일에도 재능이 있었지요. 특히
챔블리족 남자들은 몸치장에도 관심이
많아서 장신구를 좋아했습니다. 반대로
여자들은 외모를 꾸미는 일에는 그다지
신경 쓰지 않았습니다. 오히려 머리를 박박

뉴기니섬 부족의 전통 춤 ⓒ Jialiang Gao (peace-on-earth.org)

밀고 고기를 잡아서 가족들을 먹여 살리느라
바빴지요.
마거릿은 이처럼 각기 개성이 뚜렷한 세 부족과 같이
생활하며 연구한 결과를 바탕으로 《세 부족 사회에서의 성과
기질》이라는 책을 펴냈습니다. 각기 다른 세 부족 사회의
문화가 남녀의 기질에 어떤 영향을 미쳤는지를 분석하며,
현대 사회에서 여성의 역할이 무엇인지 다시 생각할 수 있게
하였어요.

인류학의
어머니

이후에도 수년간 뉴기니와 발리에서 연구한 내용을
바탕으로 저술 활동에 전념하던 마거릿은 끔찍한
소식을 듣게 됩니다.

일본군, 진주만 습격!

일본의 진주만 기습 공격으로
미국 역시 제2차 세계 대전의
소용돌이에 휘말리게 된 것입니다.

어떻게 이런 일이!
선전 포고도 없이 전쟁을 일으키다니.

폴리네시아 지역이 전쟁터로 변하면서
마거릿의 연구도 중단되고 말았습니다.

그곳에는
내 가족이나
다름없는 이들이
살고 있어.

제발 다들 무사해야 할 텐데.

마거릿 박사입니까?

마거릿은 미국 정부로부터 전쟁 중인 조국을
도와 달라는 요청을 받았습니다.

박사님께서
미국인의 식습관을
연구해 주셨으면
합니다.

식습관을요?

전쟁 중에는 군인들을 먹일 수 있는 고기가 많이 필요했습니다.
전쟁이 길어지며 고기가 부족해지자, 정부는 미국인의 식습관을
연구하여 이 문제의 해결책을 찾도록 했습니다.

마거릿은 국립 연구소 식습관 위원회의 집행 위원장을 맡아 활동했습니다.

미국인 식습관 연구

미국인들은 고기의 특정 부위만 먹고 버려요. 콩팥이나 간도 먹게 한다면 고기가 부족하지 않을 거예요.

그럼 어떻게 해야 할까요?

사람들이 친근하게 느낄 수 있도록, 다양한 고기 부위로 맛있는 요리를 만드는 방법을 알려주세요.

아, 그러면 버려지는 고기를 이용할 수 있겠군요.

감사합니다, 박사님. 식량 정책을 세우는 데 큰 도움이 됐습니다.

당연한 일을 한걸요. 도움이 될 수 있는 방법을 계속 찾아보겠습니다.

1945년, 드디어 전쟁이 끝나자 마거릿은 자신이 연구했던 폴리네시아 지역을 방문했습니다.

이젠 더 이상 사람들이 물 위에서 살지 않는군.

선생님 책에서 읽었던 내용과는 많이 달라져서 아쉬워요.

전쟁이 이곳을 바꾸어 놓았어.

맞아요.
내가 바로
마켈리타예요.

왜 박사님을
마켈리타라고
부르는 거죠?

이곳에선 예전부터
나를 마켈리타로 부르곤 했어.

정말 당신이 맞군요.
전쟁 동안 소식을 알 수
없어 걱정했어요.

네, 요즘은
서양인처럼 빵을 먹는
사람도 많아요.

그동안 마을에 많은
변화가 있었군요.

자신이 연구했던 부족의 문화가 사라지는 것이 가슴 아팠던 마거릿은
강연을 통해 다양한 문화의 중요성을 알리고자 노력했습니다.

전쟁은 많은 것을
바꿔 버렸습니다.

하지만 우리에게는 아직 희망이
남아 있습니다. 고유문화를 간직한 지역이
아직 존재하기 때문입니다.

인류학자들은 지금 빨리
그곳을 향해 떠나야 합니다.
더 늦으면 인류의 소중한 문화가
영영 사라질지도 모릅니다.

컬럼비아 대학 인류학과 교수가 된 마거릿은
대학 강단에 서며 자신이 그동안 연구한 인류학
지식을 후배들에게 가르치는 데도 정성을
쏟았습니다.

인류학은 단순히 어느 집단의
특징을 찾아내는 학문이 아닙니다.
서로가 다른 문화를 이해하고
화합할 수 있도록 돕는 데
그 의미가 있는 것이죠.

마거릿 교수님,
잠시 시간 좀 내 주실
수 있으세요?

제자들이 나를
필요로 한다면 당연히
그래야지.

내게도
저런 시절이
있었지······.

그러고 보니 참
많은 일이 있었어.

최선을 다해 노력했지만
여전히 수많은 사회 문제가
해결되지 않고 있어.

감히 흑인
따위가!

여성차별

사모아의
청소년

-마거릿 미드-

내 책이 출간될 때마다
사회적으로 관심은 받았지만
큰 진전은 없었다는 게 문제야.

하긴 지금은 영상 매체의
시대이니까. 책의 영향력은
한계가 있겠지.

그래, 맞아!
내가 왜
이 생각을
여태 못 했을까?

방송국을 먼저
알아봐야겠군.

마거릿은 여러 가지 문제에 대한 미국인들의 인식을
바꾸기 위해 미디어를 적극 활용했습니다.

오늘은 컬럼비아 대학
마거릿 미드 교수님을
모시고 우리 사회의
여러 가지 차별에 대해
얘기 나누겠습니다.

안녕하세요? 교수님.

네, 안녕하세요?

생각을 바꾸면 더 많은 여성이 인생을 바꿀 기회를 얻게 될 것입니다.

마지막으로 젊은이들에게 한 말씀 부탁드립니다.

여러분, 서른 살이 넘은 사람의 말은 절대 믿지 마십시오.

네에?

놀라지 마세요. 어른들의 생각에 너무 얽매이지 말라는 의미니까요.

교수님의 이런 점 때문에 젊은이들에게 사랑받으시는 것 같군요.

하하

허허

역시 마거릿 박사는 늘 재치가 넘친다니까.

몇 년 뒤.

할머니가 되다니 나도 이제 나이가 꽤 들었군.

더 늦기 전에 내가 연구하면서 겪었던 이야기를 책으로 써야겠어.

마거릿은 나이 들어서도 왕성한 활동을 멈추지 않았습니다. 국립 과학 아카데미 회원 및 미국 과학 진흥 협회 회장으로 활동했으며 자신의 일생을 담은 자서전을 집필하기도 했습니다.

교수님, 요즘 자주 피곤해 하시는데, 그냥 미국으로 돌아가서 병원부터 가 보시는 게 어떨까요?

나이가 들어서
그런 거니까
걱정할 것 없어. 병원에
갈 시간이 있으면 난
내 가족을 한 명이라도
더 찾아보고 싶군.

네? 가족이라뇨?

마거릿에게 원주민들은 단순한 연구 대상이
아니었습니다. 따뜻한 마음을 주고받으며 서로
아껴 주는 가족과 같은 사이였던 것입니다.

인류학의 어머니 **173**

교수님,
또 폴리네시아에
선물을 보내러 가시는
거죠? 오늘은 제가
할 테니 좀 쉬세요.

아니, 괜찮아.
그때 만났던 내 원주민
가족이 몇 달 뒤면
손자가 태어난다고 했거든.
축하 선물이니까 내가
직접 보내고 싶어.

교수님도 참······.
요즘 여기저기 강연하시느라
무리하셔서 몸도 안 좋으신데.

괜찮다니까.
우체국 문이 닫기 전에
소포를 부치려면
서둘러야겠어.

가, 갑자기
왜 이렇게
어지럽지?

자신의 건강을 돌보지 않고 인류학 발전에 힘쓰며
동분서주하던 마거릿은 췌장암에 걸려 쓰러지고 맙니다.

교수님,
마거릿 교수님!
정신 차리세요!

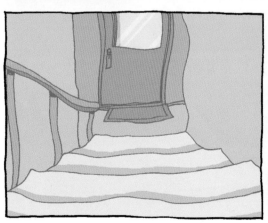

병원에서 이 사실을 알았을 때는 이미 마거릿의 건강이
심각한 상태여서 치료도 별 소용이 없는 상황이었습니다.

모두들 너무
슬퍼할 거 없다.
난 오래 살았고
충분히 행복했어.
다만······.

내 또 다른 가족들에게
일일이 작별 인사를 하지
못하고 가는 것이 마음에
걸릴 뿐이야······.

발리를 방문한 지 일 년이 지난 어느 날,
마거릿은 조용히 세상을 떠났습니다.
평생을 인류학 연구에 몸 바친 인류학의
어머니가 영원히 이별을 고한 것입니다.

뉴기니의 마누스섬 원주민들은 마거릿의 죽음을 슬퍼하며 추도식을 거행했습니다.
그 추도식은 위대한 추장이 죽었을 때와 같이 장장 닷새에 걸쳐 계속됐습니다.
죽는 순간까지 원주민들과 작별 인사를 나누지 못하는 것을 아쉬워했던 마거릿은,
죽고 나서 그들과 성대한 작별 의식을 치렀습니다.

마거릿 미드는 인류학의 새로운 지평을 열었습니다.
더불어 열린 마음으로 세상을 이해하고 그것을 통해
사회에 존재하는 편견을 개선하고자 했습니다.
덕분에 여성 문제, 인종 문제 등 미국 사회의 여러
문제들이 조금씩 나아지게 되었습니다.

무엇보다도 마거릿 미드가 남긴 최고의 업적은 문화가 다른
민족도 노력을 통해 얼마든지 서로 이해하고 교류할 수 있다는
믿음을 심어 준 것이었습니다.
마거릿은 원주민과 가족이 되어 스스럼없이 지내면서 인류에게
화합의 중요성을 깨우쳐 준 위대한 인류학자입니다.

who?와 함께라면 미래가 보인다

어린이
진로 탐색

문화 인류학자

어린이 친구들 안녕?
마거릿 미드 이야기 재미있게 읽었나요?

그렇다면 이제부터
마거릿 미드가 꿈을 키워 가는 과정을 함께 되짚어 보며
그가 활동한 분야와 그 분야에 속한 다양한 직업에 대해
살펴봐요!

또한 여러분에게는 어떤 장점과 적성, 가능성이
숨어 있는지 찾아보면서
그것을 어떻게 진로와 연결시킬 수 있는지에 대해서도
알아봅시다!

그럼 지금부터
여러분이 멋진 꿈을 향해 나아갈 수 있도록 도와줄
진로 탐색을 시작해 볼까요?

자기 이해부터
진로 체험까지,
다양한 진로 탐색
활동을 시작해 봐요!

주변을 꼼꼼하게 관찰해 볼까요?

진로
탐색
STEP 1

마거릿 미드는 어려서부터 관찰력이 뛰어나고 호기심이 많아 주변을 관찰하는 것을 좋아했어요. 마거릿의 어머니는 마거릿의 관찰력을 길러 주기 위해 동생들이 성장하는 모습을 지켜보고 육아 일기를 써 볼 것을 권했지요. 이러한 관찰 훈련은 마거릿이 훗날 사람들의 행동과 문화를 관찰하고 분석하는 문화 인류학자가 되는 데 큰 도움이 됩니다.

여러분도 주변을 잘 둘러보고 관찰해 보세요. 그곳에서 미래의 꿈을 발견할 수 있을 거예요.

✳ 집에서 학교까지 가는 길에 어떤 건물과 상점이 있으며, 풍경은 어떠한가요?

✳ 집에서 학교까지 가는 길에 어떤 것들이 있는지 그려 보세요.

문화 인류학자에게 필요한 능력!

마거릿 미드는 많은 책을 통해 다양한 지식을 쌓았을 뿐만 아니라, 깊은 통찰력으로 폴리네시아 원주민 부족의 삶을 관찰했어요. 그 결과 청소년기의 반항에 대한 새로운 시각을 제시하기도 했지요. 이처럼 문화 인류학자가 되기 위해 필요한 능력은 여러 가지가 있어요. 여러분은 어떤 능력이나 장점을 가지고 있는지 한번 생각해 보세요.

문화인류학자로서 필요한 능력	문화인류학자에 어울리는 나의 장점
1 다른 문화와의 차이를 이해하고 받아들이는 포용력	1 나와 다른 친구의 성격도 개성으로 받아들이고 쉽게 이해해요.
2 작은 것도 놓치지 않는 관찰력	2
3 관찰한 것을 꼼꼼하게 기록하는 능력	3
4 사람들의 생활 모습에서 그들만의 문화를 찾는 통찰력	4

✻ 문화 인류학자로서 필요한 능력을 키우기 위해서 어떤 노력을 하면 좋을까요?

우리나라만의 문화를
소개해 보아요

마거릿 미드는 원주민들의 문화가 개발 및 문명화로 인해 파괴되고 있는 것을 크게
안타까워했어요. 그래서 사라져가는 원시 부족 문화를 연구하기로 결심했지요.
우리나라에도 잘 알려지지 않았거나 사라지고 있는 문화가 있어요. 내가 한국을
연구하는 문화 인류학자라면, 다른 나라의 친구에게 한국만의 고유한 문화를 어떻게
소개할 수 있을까요? 주제를 정해 소개 글을 쓰며 문화 인류학자로서의 꿈을 키워
보세요.

한국의 전통 혼례

한국의 전통혼례에서는 전통 혼례복을 입은
신랑과 신부가 상을 가운데 두고 절을 하는
것으로 서로 인사를 해. 신랑 신부는 표주박을
둘로 나눈 잔에 술을 따라 마시는데, 하나의
표주박을 둘로 쪼갰기 때문에 세상에서 단
하나의 인연이라는 뜻이래.

(사진을 붙여 보세요)

문화 인류학자가 된다면 무엇을 연구할까요?

문화 인류학은 지구 곳곳에서 살고 있는 사람들이 어떤 사회를 이루고 있고, 어떤 문화를 이루며 살아가는지를 연구해요. 이를 통해 우리 사회가 맞닥뜨리고 있는 문제를 해결할 지혜를 얻을 수도 있어요.

여러분은 우리나라와 다른 나라와의 차이점에 대해 알아보고 싶은 부분이 있나요? 우리 사회의 모습 중 다른 나라와 비교해 보고 싶은 부분에 대해 생각해 보세요.

	공부 방법	
우리 사회의 어떤 점을 다른 문화와 비교하고 싶나요?	어렸을 때부터 너무 많은 공부를 하느라 집에 늦게 들어가는 경우도 많아요.	
어떤 주제로 연구하고 싶나요?	다른 나라나 지역의 아이들은 어떻게 공부를 하는지 연구하고 싶어요.	
어떤 결과가 나올 거라고 생각하나요?	자유롭고 재밌게 공부할 수 있는 다른 방법이 있을 거라고 생각해요.	

진로 탐색 STEP 5

다른 나라의 문화 받아들이기

마거릿 미드는 뉴기니섬에 사는 세 부족의 문화를 비교한 후 남성과 여성의
역할을 구분하는 것은 사회와 문화에 따라 다르다는 것을 깨닫고, 미국에 돌아와
여성의 역할을 제한해서는 안 된다고 말했어요. 이러한 마거릿의 주장은 여성 인권
운동가들에게 큰 힘이 되기도 했지요.
여러분이 경험한 다른 나라의 문화 중에서 인상 깊었던 것이 있나요? 그 내용을
적고, 우리나라에서도 받아들였으면 하는 부분에 대해서 이야기해 보세요.

＊ 어떤 문화가 인상 깊었나요?

＊ 왜 그렇게 생각했나요?

＊ 어떤 점을 우리나라에서 배우면 좋을까요?

진로 체험

중남미문화원을 방문해요!

중남미 지역은 찬란한 고대의 마야 문명이 탄생한 멕시코, 지구의 허파라 불리는 아마존강이 있는 브라질, 정열적인 탱고의 나라 아르헨티나 등 독특한 문화와 역사를 지닌 나라들이 있는 곳이에요. 이러한 중남미를 가깝게 느낄 수 있는 중남미문화원은 서울과 인접한 경기도 고양시에 위치해 있습니다.

1992년 중남미에서 30여년간 외교관 생활을 했던 이복형 대사와 그의 부인이 세운 곳이랍니다. 우리나라에 널리 알려지지 않은 중남미 지역의 문화와 예술에 대한 이해를 돕기 위해서 만들었다고 해요. 중남미문화원은 박물관, 미술관, 종교 전시관으로 나뉘어 있고, 야외에는 조각 공원과 멕시코 음식을 맛볼 수 있는 음식점도 있어요.

중남미문화원

박물관에서는 중남미의 대표적 문화인 마야, 아즈텍, 잉카 유물에서부터 현재 중남미 지역 사람들의 생활 모습까지 살펴볼 수 있습니다.

미술관에는 중남미를 대표하는 작가들의 그림과 조각이 전시되어 있습니다. 짙은 색감의 그림을 비롯해 우리와 다른 관점으로 아름다움을 표현한 여러 작품을 만날 수 있어요. 조각 공원에서도 중남미 12개국에서 활동하는 현대 조각가의 작품이 전시되어 예술품을 통해 중남미 문화를 느낄 수 있습니다.

* 중남미문화원에서 그동안 잘 알지 못했던 중남미 지역의 역사와 문화, 예술을 살펴보았나요? 우리나라와 어떤 점이 비슷하거나 다른지 비교해 보세요.

185

연표

마거릿 미드

1901년		12월 16일, 미국 펜실베이니아 주 필라델피아에서 경제학과 교수인 아버지와 사회학과 대학원생인 어머니 사이에서 맏딸로 태어납니다.
1919년	18세	도일스타운 고등학교를 졸업하고 대학에 진학합니다.
1922년	21세	프란츠 보애스 교수의 인류학 강의를 듣고 인류학의 매력에 빠지게 됩니다.
1925년	24세	폴리네시아의 사모아섬으로 가서 처음으로 현지 조사 연구를 시작합니다.
1928년	27세	사모아에서 연구한 내용을 바탕으로 《사모아의 청소년》을 집필하고, 이 책이 베스트셀러가 되면서 유명해집니다.
1931년	30세	레오 포춘과 함께 뉴기니섬에서 아라페시족, 문두구머족, 챔블리족을 조사하며 '남자와 여자의 역할 차이'에 관해 연구합니다.
1935년	34세	뉴기니섬에서 연구한 내용을 바탕으로 《세 부족 사회에서의 성과 기질》을 집필합니다.
1936년	35세	발리에 머무르면서 어린이들의 성장 과정에 관해 연구합니다.

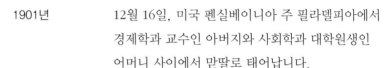

1940년	39세	〈세 문화에서의 아이 목욕시키기〉, 〈뉴기니 아이의 첫 생애〉 등 인류학과 관련된 교육용 영화를 제작합니다.
1941년	40세	제2차 세계 대전이 일어나자 전쟁과 관련된 연구를 담당하는 국립 식습관 위원회의 집행 위원장을 맡아 활동합니다.
1954년	53세	컬럼비아 대학교의 인류학 교수가 되어 학생들을 가르칩니다.
1960년	59세	미국 인류학 협회의 회장직을 맡게 됩니다.
1967년	66세	뉴기니섬에 다시 방문하여 자신이 연구했던 아라페시족, 문두구머족, 챔블리족을 만납니다.
1972년	71세	자신의 삶과 연구 성과를 돌아보며 집필한 《마거릿 미드 자서전》을 발표합니다.
1975년	74세	미국 과학 진흥 협회 회장직을 맡아 활동했으며, 국립 아카데미 회원으로 선출되는 영광을 누립니다.
1978년	77세	11월 15일, 뉴욕에서 사망합니다. 같은 날, 〈세계에서 가장 영향력 있는 25명의 여성〉의 일원으로 뽑힙니다.

찾아
보기